AF495156

COMMENTAIRE

DE

LA LOI DU 25 JUIN 1841,

SUIVI

D'UN EXPOSÉ DE JURISPRUDENCE.

Imprimerie de Rignoux, rue des Francs-Bourgeois-Saint-Michel, 8.

COMMENTAIRE

DE

LA LOI DU 25 JUIN 1841

sur les Ventes aux enchères

DE MARCHANDISES NEUVES,

D'APRÈS LES DÉBATS LÉGISLATIFS;

Suivi

D'UN EXPOSÉ ANALYTIQUE

DE LA JURISPRUDENCE RELATIVE AUX ATTRIBUTIONS DES OFFICIERS MINISTÉRIELS CHARGÉS DES VENTES DE MEUBLES.

PAR

GALOUZEAU DE VILLEPIN,
Avocat à la Cour royale de Paris.

PARIS.
VIDECOQ, LIBRAIRE-ÉDITEUR,
PLACE DU PANTHÉON, 4 ET 6.

1841

INTRODUCTION.

Cet ouvrage se compose de deux parties : la première comprend le commentaire de la loi du 25 juin 1841 sur les ventes aux enchères de marchandises neuves. Je le destinais d'abord au *Journal de procédure ;* mais il prit bientôt une telle extension que je dus songer à le publier séparément. La seconde partie est consacrée à l'examen et à la solution des principales difficultés qui ont agité les corporations d'officiers ministériels chargés de procéder aux ventes publiques des meubles: nos lois ne réglant pas leurs attributions d'une manière assez précise, j'ai pensé que cette addition, où la jurisprudence se trouve complétement exposée, ne serait pas sans utilité pour les officiers ministériels, auxquels cet ouvrage s'adresse particulièrement.

Enfin, j'ai réuni dans un *Appendice* les dispositions les plus essentielles des lois spéciales, décrets et ordonnances, auxquels se réfèrent les deux premières parties de ce livre, et qui sont épars au *Bulletin des lois*.

25 juillet 1841.

G. de V.

PREMIÈRE PARTIE.

COMMENTAIRE

DE LA LOI DU 25 JUIN 1841,

SUR

LES VENTES AUX ENCHÈRES DE MARCHANDISES NEUVES.

1. — La loi qui, le 1er juillet 1841, a été promulguée sur les ventes à cri public de marchandises neuves (1), doit son origine à une proposi-

---

(1) 24 février 1841, présentation du projet de loi à la Chambre des députés, par M. Martin (du Nord), garde des sceaux (*Moniteur* du 25 février; *Journal de procédure*, 1841, art. 1898).

18 mars, rapport de M. Quesnault (*Moniteur* du 20 mars, p. 694).

3 avril, discussion du projet amendé par la commission (*Moniteur* du 4 avril). — Continuation de la discussion et adoption du projet à la Chambre des députés (*Moniteur* des 8 et 9 avril). Votants : 235; majorité, 118; pour, 176; contre, 59.

15 avril 1841, présentation à la Chambre des pairs du projet amendé par la Chambre des députés (*Moniteur* du 16 avril).

tion faite, dès 1838, par MM. Muret de Bort et Louis Lebeuf, députés.

Deux fois prise en considération par la Chambre des députés, sans opposition aucune, et même avec l'adhésion du gouvernement, cette proposition avait enfin trouvé place dans le projet de loi, présenté le 5 février 1840, par M. Teste, garde des sceaux, sur les ventes judiciaires et publiques de biens meubles (*Moniteur* du 6. — V. aussi *Journal de procédure*, de M. Bioche, 1840, art. 1593).

Les plaintes qui s'étaient élevées de tous les points de la France, depuis 1828, allaient donc enfin obtenir satisfaction : un remarquable rapport de M. Hébert avait été déposé dans la session de 1840 (*Moniteur* du 29 avril 1840). Dès le commencement de la session de 1841, la discussion venait de s'engager de nouveau dans le sein d'une commission nommée par la Chambre des députés, lorsque, à raison de certaines difficultés survenues

---

17 mai, rapport de M. Persil (mais le texte n'en est rétabli qu'au *Moniteur* du 20 mai).

14 juin, discussion générale (*Moniteur* des 15 et 16 juin) 16 juin, discussion des articles et adoption, sans modification aucune, du projet déjà voté par la Chambre des députés (*Moniteur* du 17, même mois). Votants : 109 ; majorité, 55 ; pour, 56 ; contre, 53.

25 juin, sanction royale.

1 juillet 1841, promulgation de la loi (voy. *Bulletin* 828, n° 9389, et *Moniteur* du même jour).

entre le gouvernement et la commission, concernant les attributions des officiers ministériels chargés de procéder aux ventes de meubles, le projet de loi fut subitement retiré par le ministère. Cette partie du projet pouvait être ajournée sans inconvénient grave. Mais la nécessité de dispositions législatives propres à faire disparaître les abus des ventes à cri public de marchandises neuves était tellement impérieuse, que le gouvernement s'empressa de substituer au projet de loi qu'il retirait un autre projet, moins complet, il est vrai, mais qui avait l'avantage de pouvoir être immédiatement voté, et répondait mieux, par conséquent, aux besoins du moment (*Moniteur* du 25 février 1841; *Journal de procédure,* 1841, art. 1898).

2. — Ces inconvénients étaient nombreux, et nul dans les Chambres n'a essayé de les contester. Voici comment M. Quesnault les signalait en son rapport :

« Les ventes aux enchères et en détail de marchandises neuves, *objet d'un négoce*, sont une « perturbation pour le commerce, en même temps « qu'une source d'abus, de déceptions, et de fraudes. « Pour les marchands honnêtes, qui ne veulent « point sortir des voies régulières, il n'est point

« de concurrence possible avec ces encans désas-
« treux qui, en un seul jour, inondent une place
« de marchandises vendues à vil prix, parce
« qu'elles ont des vices cachés et une origine frau-
« duleuse..... Il est trop souvent arrivé que des
« marchands près de faillir ont eu recours aux
« ventes à l'encan, pour réaliser un actif non payé
« et préparer leur banqueroute. Parmi les opéra-
« tions qui se font avec le secours des établisse-
« ments de ventes à l'encan, il en est de moins
« répréhensibles qui, toutefois, ne sont pas sans
« inconvénients pour le commerce : tantôt ce sont
« des ouvriers sans patente, tantôt des fabricants
« ou marchands en gros, qui ont recours à ces
« établissements pour mettre les marchandises de
« leur fabrique ou de leur magasin à la portée
« immédiate des consommateurs, au préjudice
« du commerce intermédiaire qui reste sans dé-
« bouché. Par là se trouve rompu l'un des anneaux
« de la chaîne qui lie entre elles toutes les bran-
« ches de l'industrie destinées à concourir à diffé-
« rents degrés, pour l'avantage commun, à la
« distribution des objets de consommation. »

M. le garde des sceaux ajoutait ensuite dans la discussion à la Chambre des députés (*Moniteur* du 4 avril 1841) :

«L'intérêt du commerce de détail n'est pas le seul que j'invoque, et je dirai même que peut-être, à mes yeux, quelque respectable que soit ce genre de commerce, je le laisserais à l'écart si, en réalité, l'intérêt du consommateur était sauf.

«Ne savez-vous pas que le consommateur qui court à ces encans avec un empressement qui ne s'explique pas, après les nombreux mécomptes qu'il a éprouvés, ce consommateur achète à vil prix des marchandises avariées, détériorées, des marchandises de rebut? Je sais bien qu'on pourra me répondre que c'est la faute du consommateur s'il se laisse ainsi duper par ces encans, qui constamment réitèrent le scandale. Je répondrai que le devoir du législateur est de venir au secours de la crédulité publique, et d'empêcher de tels désordres, quand il y a scandale manifeste.

«Il y a plus, le principal motif qui a déterminé les conseils généraux des manufactures et du commerce a frappé tous les esprits : c'est la dignité de la fabrication française qu'il s'agit de défendre. Ne savez-vous pas qu'il y a des fabriques, véritables plaies de l'industrie, véritable lèpre du commerce, qui ne font autre chose que ces marchandises qui déshonorent, par la manière dont elles sont confectionnées, la véritable industrie, le commerce honorable de la France? Eh bien! les fabricants honorables qui siégent dans les conseils généraux des manufactures et de l'industrie, se sont révoltés à l'idée que l'on vint encourager cette plaie de l'industrie; il fallait y porter remède. Ces marchandises ne sortent pas des fabriques pour entrer dans des maisons de détail respectables; elles vont dans les encans, où chaque jour la bonne foi du consommateur éprouve tant de mécomptes. Où vont encore ces marchandises? Elles sont envoyées en pacotilles à l'étranger; aussi ne faut-il pas s'étonner du discrédit de l'industrie française à l'étranger. Voilà le véritable mal de l'industrie.»

Enfin, M. Ganneron lui-même résumait ces inconvénients en disant (*loc. cit.*):

« Il est certain que depuis quelques années on s'est servi du mode de vente à cri public pour tromper le consommateur; il est certain encore que de scandaleux encans ont été ouverts par la mauvaise foi, que des objets volés y ont trouvé un recel facile, que l'on y a exposé des marchandises inférieures ou détériorées, que le public a été indignement surpris par des enchères simulées, et que ces ventes ont enlevé au fisc la perception du droit dont il est chaque jour frustré. »

Or, la mission du gouvernement n'est pas seulement de constater les abus ; elle consiste surtout à y porter remède en modifiant les lois existantes par des dispositions nouvelles. C'est à cette obligation que répond la loi dont nous entreprenons le commentaire abrégé.

3. — Le but et l'esprit général de la loi ainsi déterminés, abordons séparément chacun des articles dont elle se compose, afin d'en fixer le sens d'après les débats parlementaires, et de compléter celles de ses dispositions qui confirment la législation antérieure, par la jurisprudence et l'opinion des auteurs qui l'ont interprétée.

ART. Ier.

Sont interdites les ventes en détail de marchandises neuves, à cri public, soit aux enchères, soit au rabais, soit à prix fixe proclamé, avec ou sans assistance des officiers ministériels.

4. — La loi fait une première distinction qu'il importe de remarquer entre les ventes en gros et les ventes en détail de marchandises neuves. Quant aux premières, la législation existante au moment

de la publication de la présente loi est maintenue (art. 6), sauf en ce qui concerne la pénalité (art. 8). Les ventes en détail sont seules l'objet de la loi nouvelle (V. exposé des motifs de M. le garde des sceaux à la Chambre des pairs, *Moniteur* du 16 avril 1841).

Ainsi, trois conditions principales sont exigées pour que la nouvelle loi puisse recevoir son application : il faut, 1° que la vente soit en détail ; 2° qu'elle comprenne des marchandises neuves ; 3° qu'elle ait lieu à cri public.

Cette troisième condition comprend : 1° la vente aux enchères ; 2° la vente au rabais ; 3° la vente à prix fixe proclamé.

La loi est d'ailleurs applicable, soit que la vente ait lieu avec l'assistance d'un officier ministériel, soit que le marchand la fasse par lui-même.

Tel est en abrégé l'économie de l'art. 1er ; il reste à déterminer le sens législatif des expressions qu'il contient, et les motifs de chacune des dispositions qui viennent d'être énoncées.

5. — *Sont interdits.* Le principe de l'interdiction des ventes à l'encan et en détail de marchandises neuves n'a prévalu, soit à la Chambre des pairs, soit à la Chambre des députés, qu'après

une discussion longue et approfondie (*Moniteur* des 4 avril, 15 et 16 juin 1841). D'une part, on invoquait le principe de la liberté commerciale, proclamé par la loi du 2 mars 1791 ; le privilége de la propriété inscrit dans l'art. 544 Code civil, qui confère à tout propriétaire le droit de disposer de sa chose de la manière la plus absolue ; la consécration générale donnée par le Code de commerce (art. 633) aux établissements de ventes à l'encan, c'est-à-dire aux ventes aux enchères permanentes et de tous les jours (1). D'autre part, on répondait en rappelant les abus que nous avons signa-

(1) Dans cette opinion, deux systèmes furent proposés aux Chambres : l'un par M. Ganneron, à la Chambre des députés, l'autre, à la Chambre des pairs, par la commission, dont M. Persil était le rapporteur (*Monit.* du 20 mai 1841). — Le premier consistait : 1° dans la prohibition de toutes les ventes à cri public faites, sans entremise d'officiers ministériels, par un simple particulier ; 2° dans le maintien avec garanties des ventes opérées par les marchands sédentaires seuls, aux enchères et par le ministère d'officiers publics. — Celui qui fut présenté à la Chambre des pairs peut se résumer dans la distinction suivante : les ventes à l'encan sont interdites aux colporteurs d'une manière absolue ; les marchands sédentaires auront la faculté illimitée de procéder aux ventes à l'encan, mais avec l'assistance d'officiers ministériels personnellement responsables des violations de la loi. Mais ces deux systèmes ont été rejetés, et le principe de l'interdiction a été maintenu, sauf l'appréciation des tribunaux de commerce.

lés ; on insistait sur la nécessité d'y porter remède, puis l'on citait, en faveur de l'interdiction, l'ancienne jurisprudence attestée par Denisart (V. *vente de meubles*, n° 10) (1); L'autorité de la Cour suprême, établie par vingt-trois arrêts (discours de M. le garde des sceaux, *Moniteur* du 15 juin 1841) (2); Les avis des conseils généraux du

---

(1) Un arrêt en forme de règlement, du 23 août 1758, défend de faire aucune vente publique de marchandises, si elles ne sont comprises dans des inventaires faits après décès ou dans des saisies-exécutions, etc.

(2) La série des arrêts rendus en ce sens commence le 20 juillet 1829 (S. 29, 1, 321). — Les plus récents sont des 30 janvier 1839 (S. 39, 1, 333) ; 13 janvier 1840 (S. 40, 1, 808) ; 3 décembre 1840 (S. 41, 1, 154). La plupart des autres sont rapportés en note de ceux-ci, et au *Dictionnaire de procédure* de MM. Bioche et Goujet. V. *Huissier*, n. 42.

Voici d'ailleurs le tableau de la jurisprudence sur ce point, présenté par M. le P. P. Portalis à la Chambre des pairs (*Monit.* du16 juin 1841, p. 1668).

« Il faut remarquer, dit-il, que de nombreux arrêts sont venus prouver que la chambre civile de cassation persiste dans sa jurisprudence. J'ajouterai que la chambre des requêtes de la même Cour, dès le 21 août 1836, y avait donné sa complète adhésion. Il y a donc unanimité entre les deux chambres de cassation qui peuvent connaître de cette matière. Il y a plus, un grand nombre de tribunaux de commerce, qui sont sur ce sujet les plus compétents, et les Cours royales d'Amiens, d'Angers, de Bordeaux, de Lyon, de Metz, de Pau, de Rouen, se sont rangés à la jurisprudence de la Cour

commerce et des manufactures en 1838 ; Enfin, l'exemple de la Belgique (loi du 24 mars 1838), et les usages des États-Unis (V. *Procès-verbal* du *Conseil des manufactures*, session de 1837 - 1838, p. 157 et 171).

Toutefois, quelques exceptions assez larges, mais nécessaires (M. Quesnault, *Moniteur* du 8 avril 1841), ont été admises au principe de l'interdiction (*infra*, art. 2 et 5).

6. — *Ventes en détail*, c'est-à-dire pièce à pièce, article par article. Toutefois, il ne faudrait pas conclure de ces expressions, qu'il suffit de réunir plusieurs objets pour échapper à la prohibition de la loi. On peut dire qu'il y a vente en détail, toutes les fois que les objets ou lots mis en vente s'adressent directement au consommateur, sont à sa convenance, et peuvent le dispenser de recourir à l'intermédiaire du commerce de détail, dont le législateur a voulu protéger l'existence et les intérêts.

7. — *Marchandises neuves.* Comment distingue-

---

de cassation. Il est même à noter que la Cour de Bourges, qui, en 1829, s'était prononcée en sens contraire, a changé d'avis en 1837. La Cour d'Orléans a suivi cet exemple. »

t-on les marchandises neuves de celles qui ne le sont pas ? Qu'est-ce qu'une marchandise neuve, quand il s'agit de vins, des livres, des gravures, des objets d'art, des bijoux (M. de Barthélemy, *Moniteur* du 17 juin 1841) ? Par combien de mains faudra-t-il qu'elle ait passé pour ne l'être plus (Bérenger, *loc. cit.*) ?

Peut-être est-il à regretter que la loi n'ait pas défini ce qu'il faut entendre par *marchandises neuves ?* «On peut craindre, ainsi que le fait justement observer la *Gazette des tribunaux* des 16 et 17 juin 1841, que cette omission ne devienne la source de difficultés inquiétantes pour les officiers vendeurs, et dont la solution sera fort embarrassante pour les tribunaux.» Mais il est certain que cette expression ne désigne pas seulement des marchandises qui n'auraient pas encore servi, ainsi que pourraient le faire croire les observations présentées à la Chambre des députés, par M. A. Portalis, à l'appui d'un amendement qu'il proposa, mais inutilement, à l'effet d'exclure de la qualification de marchandises neuves certains objets dont il est impossible de déterminer ou d'apprécier l'usage. Elle s'applique aussi, suivant nous, à tous les objets qui, se trouvant dans les mains d'un acheteur qui les destine à la consommation, ont cessé d'être dans le commerce et perdu le nom lui-même de marchandises. Cette interprétation résulte des seuls documents législatifs dont on puisse s'étayer et qui sont les exposés de motifs présentés à l'occasion de cette loi, par M. Martin (du Nord), soit à la Chambre des députés, soit à la Chambre des pairs (voy. *Moniteur* des 24 février et 16 avril 1841).

Voici ce qu'on trouve dans le premier : « Nous avons pensé que le sens des mots *marchandises neuves* n'a besoin d'aucune explication, et que chacun comprendrait très-bien ce qui est défendu : *c'est la vente de marchandises faisant l'objet d'un commerce, et non la vente de marchandises qui, bien qu'encore neuves, auraient cessé d'être dans le commerce et se trouveraient dans les mains d'un consommateur.* »

Dans le deuxième, M. le garde des sceaux, revenant sur la même idée, ajoutait : « Il ne faut pas se méprendre sur l'étendue de la prohibition. C'est dans l'intérêt du commerce qu'elle est établie ; elle ne doit donc s'appliquer que dans la juste mesure de la protection dont le commerce a besoin. Son but est atteint en la restreignant aux ventes de marchandises neuves. Les choses destinées à l'usage personnel de celui qui en est propriétaire, quel que soit l'état dans lequel elles se trouvent, alors même que l'usage auquel elles doivent servir n'aurait pas encore commencé, ne sont plus l'objet d'un commerce. Il est impossible d'en empêcher la vente par la voie des enchères, si celui qui les possède veut employer ce procédé.

« On ne peut pas dire qu'il y ait en pareil cas concurrence dangereuse pour les marchands, obstacle sérieux aux ventes sur lesquelles ils ont dû compter. Par conséquent la prohibition doit cesser.

« Ainsi, aucun doute ne peut s'élever sur le sens des mots *marchandises neuves*, si l'on se pénètre bien des motifs qui ont inspiré la disposition dans laquelle ils sont placés. »

8. — *A cri public*. — « La législation antérieure à la présente loi et les autorités qui l'ont interprétée ne s'appliquaient qu'aux enchères proprement dites, et ne portaient pas textuellement sur les *ventes à cri public* dont parle l'article. Mais il est constant que ce dernier mode avait tous les inconvénients du premier, et qu'il offrait de moins la garantie de l'officier public » (Exposé de motifs de M. Teste, *Moniteur* du 6 février 1840). En effet, a dit M. Ganneron (*Moniteur* du 4 avril 1841) : « La vente *à cri public* est ordinairement faite par des hommes qui ne présentent aucune garantie de moralité ni de solvabilité ; elle n'est assujettie à aucun droit, à

aucuns frais ; elle n'offre aucun recours contre le vendeur, qui disparait lorsque son opération est consommée ; elle est d'autant plus dangereuse pour le commerce, par la concurrence qu'elle lui fait en séduisant l'acheteur par l'appât du bon marché, que ce bon marché est toujours facile pour elle, puisqu'elle n'est soumise à aucune des conditions journalières de loyer, de patente, de commis, d'établissement enfin qui pèsent sur le marchand. »

9. — *Soit aux enchères.* — Personne n'ignore ce que c'est que la vente aux enchères. En voici les dangers : « Dans quelques circonstances, a dit M. Mater (*Moniteur* du 8 août 1841), on vend aux enchères, on adjuge certaines marchandises de bonne qualité, que toutes les personnes, même les plus éloignées des marchands, peuvent regarder à loisir après la livraison ; chacun trouve que ces marchandises se donnent pour rien. C'est alors que d'autres marchandises analogues, mais d'une qualité inférieure, sont mises à prix ; et comme on s'échauffe par l'idée du bon marché, comme autrefois on s'échauffait à la loterie par l'espérance d'un gain qui n'arrivait jamais, on enchérit sans raison, et la marchandise est souvent vendue bien au-dessus du prix qu'elle peut valoir. »

Voilà pourquoi la loi interdit ces sortes de ventes.

10. — *Soit au rabais.* — Cette expression, qui ne se trouvait pas au projet, a été introduite, sur la demande de M. Delespaul, afin de préciser d'une manière plus complète les ventes prohibées. « Au lieu de livrer chaque objet mis en vente à l'enchère du public et de l'adjuger à celui qui offre le plus élevé, on a vu des marchands faire la criée par un prix qu'ils abaissent progressivement jusqu'à ce qu'ils aient trouvé un acheteur auquel ils l'adjugent.... On sent que ce mode d'adjudication n'est que l'enchère déguisée; il a tous les inconvénients de la vente à l'encan proprement dite; il a les mêmes séductions pour le public » (M. Delespaul, *Moniteur* du 8 avril 1841).

11. — *Soit à prix fixe proclamé.* — Le gouvernement n'avait pas d'abord expressément interdit la vente *à prix fixe proclamé.* On aurait même pu conclure de l'art. 1er du projet qu'il la permettait; en effet, M. Quesnault s'exprimait ainsi dans son rapport : « L'expression générale de vente *à cri public* comprend les ventes faites, soit à l'enchère, soit au rabais. *On ne veut point empêcher d'annoncer à haute voix sa marchandise*, mais, etc. »

Ce n'est que plus tard, sur les indications de M. Ganneron, que les mots *à prix fixe proclamé* furent introduits. Suivant ce député, dont l'opinion à cet égard a prévalu, il n'y avait pas lieu de distinguer les ventes faites aux enchères de celles qui serait faites au rabais ou *à prix fixe proclamé ;* il était d'avis de les proscrire toutes, pour que les abus que l'on redoutait ne se produisissent plus sous une forme quelconque.

12. — Mais que faut-il entendre par vente *à prix fixe proclamé ?* Des explications ont été demandées par M. Legentil, qui s'effrayait de voir interdire les ventes à prix fixe qui, avait-il raison de dire, sont ce qu'il y a de plus honorable dans le commerce. Voici ce qui lui fut répondu par M. Mater (*Moniteur* du 8 avril 1841) :

« Un troisième moyen existe, à l'aide duquel on trompe tous les acheteurs qui se présentent ; non pas les acheteurs qui se présentent dans le désir ou dans le besoin d'acquérir, mais les acheteurs qui sont entraînés par le son de la trompette ou par le bruit du tambour : le marchand exhibe sa marchandise, il est seul, et vous n'avez pas la garantie des formes que présentent les officiers ministériels... Le marchand prend un mouchoir, et il le crie à 20 sous! Un niais, et c'est le plus grand nombre, se rend adjudicataire; on lui jette le mouchoir. Le mouchoir est très-bon : on le fait voir, et l'on se dit que la marchandise se donne pour rien.

« Le marchand prend ensuite un mouchoir de mauvaise qualité, et comme il n'affirme pas qu'il soit bon, qu'il est de la même qualité que celui qui vient d'être vendu, on ne peut pas faire intervenir contre lui le Code pénal (art. 410). Il crie le mouchoir à 1 fr.; il l'adjuge à un spectateur empressé, qui ne reçoit qu'une valeur de 50 cent. pour 1 fr. Voilà comment les choses se passent.

« Voilà aussi les ventes à prix fixe que l'on a voulu proscrire, parce qu'elles ont pour objet de faire passer des marchandises détériorées, de rebut, aux dépens du public et de la foi due aux enchères (Observ. de M. Martin (du Nord), *Moniteur* du 8 avril 1841).

Le sens de cette expression résultait si exactement du discours de M. Mater, qu'on lit à la suite :

M. le Président. Alors on entend prix fixe *proclamé!*

M. Barbet. Il faut mettre *proclamé*, il n'y aura plus de difficultés.

M. Grandin. La commission n'a pas mis dans son article le mot *proclamé*, parce qu'elle n'a pas voulu faire un double emploi avec les mots *cri public*, qui se trouvent dans la première partie de la phrase ; mais son intention est de ne prohiber que le prix fixe proclamé, et si le mot *proclamé* n'a pas été mis dans l'article, c'était pour éviter une sorte de pléonasme.

M. le garde des sceaux lui-même ajouta quelques mots dans le même sens, et c'est aussitôt après qu'eut lieu le vote de l'article tel qu'il est dans la loi.

13. — Toutefois, M. Luneau avait interrompu la discussion pour demander si l'annonce de marchandises et de leur prix au bout d'un bâton, sur un écriteau, pourrait avoir lieu.

M. Lebeuf. Oui!

M. Luneau. Si cela est permis, c'est la même chose que le *cri public*.

M. Grandin. Le plus grand nombre ne sait pas lire, et cela ne pourrait tout au plus tromper que ceux qui savent lire.

Pour répondre à cette objection, et parer à toutes les combinaisons qui pourraient être pratiquées par l'intérêt privé pour éluder la loi, M. de

Kerbertin proposa de rédiger l'article ainsi qu'il suit :

« Sont interdites les ventes en détail des marchandises neuves à cri public, quel qu'en soit le mode. »

Mais cet amendement fut rejeté, et l'on doit conclure, tant de ce rejet que de l'interruption de M. Lebeuf et de l'observation de M. Grandin, que ce mode de vente, dont les dangers sont peu à craindre, n'est point interdit, et, par conséquent, ne serait pas frappé des peines portées par la présente loi.

14. — *Avec assistance d'officiers ministériels.* — Cette assistance serait inefficace pour empêcher la fraude. « Quel subterfuge employé à l'insu des officiers publics ne chercherait-on pas pour user de leur ministère, et comment les magistrats pourraient-ils, avec toute leur vigilance, découvrir les ruses quotidiennes de l'agiotage inventif » (Discours de M. Gaultier de Rumilly).

D'un autre côté, on avait remarqué que « les abus s'étaient surtout augmentés depuis l'établissement des salles de vente à l'encan par les commissaires-priseurs. En effet, ces établissements, toujours ouverts à ceux qui veulent y apporter leurs marchandises sans certificat d'origine et sans garanties, offrent une tentation incessante à tous les marchands près de faillir, qui veulent réaliser une liquidation immédiate; aux hommes qui veulent se défaire d'un actif non payé; enfin aux hommes qui ont des marchandises défectueuses à réaliser, et qui, par les voies ordinaires du commerce, ne pourraient lutter avec les marchands connus pour se livrer à un négoce honnête, régulier» (Discours de M. Quesnault, *Moniteur* du 4 avril 1841).

15. — *Ou sans assistance d'officiers ministériels.* — Cela devait être. En effet, si les ventes faites avec l'assistance d'un officier ministériel présentent les plus graves inconvénients, ce qui n'est point contesté, « que ne doit-on pas redouter de ces encans ouverts sans l'intervention et la surveillance d'aucun délégué de l'autorité, dans lesquels un marchand fait lui-même la criée de ses marchandises, et les offre au public qu'il trompe par des enchères supposées, et par l'emploi de toutes les manœuvres que le charlatanisme peut mettre en usage » (Rapport de M. Quesnault)?

16. — Le germe de cette disposition se trouvait

d'ailleurs incontestablement dans la législation qui a précédé la loi actuelle. L'esprit des art. 1 et 7 de la loi du 22 pluviôse an VII, est, en effet, que nulle personne, même le propriétaire des meubles et marchandises, ne peut les vendre ou faire vendre à l'enchère sans le ministère d'un officier public, à peine d'amende.

Le rappel de cette prohibition dans la loi nouvelle a surtout pour objet de substituer la pénalité de l'art. 7 de cette loi à la peine portée par la loi de l'an VII, laquelle a été considérée comme insuffisante. V. *infra*, sur l'art. 7.

Art. II.

Ne sont pas comprises dans cette défense les ventes prescrites par la loi, ou faites par autorité de justice; non plus que les ventes après décès, faillite ou cessation de commerce, ou dans les autres cas de nécessité, dont l'appréciation sera soumise au tribunal de commerce.

Sont également exceptées les ventes à cri public, de comestibles, et objets de peu de valeur, connus dans le commerce sous le nom de *menue mercerie*.

17. — D'après le principe que l'encan n'est pas un mode régulier de faire le commerce, le gouvernement avait proposé dès l'origine de prohiber, en règle générale, les ventes à cri public; mais il avait reconnu lui-même qu'il n'était pas possible de maintenir cette règle d'une manière absolue et inflexible, parce qu'il y avait des cas où il était indispensable de recourir à ce mode (rapport de M. Quesnault). On conçoit, par exemple, qu'un commerçant qui cesse le commerce ne puisse attendre l'écoulement lent et successif de ses marchandises, et qu'il sente le besoin de rentrer immédiatement dans ses capitaux : aussi avait-il admis à la règle générale plusieurs cas d'exception (ce sont ceux qui sont nommément indiqués dans l'art. 2), et laissait-il, dans tous ces cas, au commerçant la liberté de vendre à l'encan. Mais des réclamations très-vives se sont élevées à la Chambre des députés contre cette énumération essentiellement limitative : on a dit qu'il était impossible de prévoir et d'énoncer à l'avance toutes les exceptions qu'il convenait de faire au principe de l'interdiction des ventes à cri public; qu'une foule de cas analogues pouvaient se produire à chaque instant, dans lesquels un commerçant aurait besoin de trouver un moyen de liquidation immédiate;

qu'en conséquence des règles absolues et invariables ne pouvaient être tracées par la loi. MM. Ganneron et Legentil citèrent des exemples. Le premier termina en disant :

« L'expérience révèle tous les jours des circonstances dans lesquelles le commerçant a besoin de vendre aux enchères publiques les marchandises qu'il possède, parce qu'il ne trouverait pas un écoulement assez prompt, assez rapide par sa vente journalière; il est des circonstances où l'on ne pourrait le priver de ce mode de vente sans lui causer un préjudice énorme » (*Moniteur* du 4 avril 1841).

18. — « Enfin le gouvernement et la majorité de la commission reconnurent qu'il y avait dans les exemples cités par MM. Ganneron et Legentil, exemples que leur expérience leur avait suggérés, des cas dans lesquels il était équitable, même nécessaire, de pouvoir obtenir l'autorisation de vendre aux enchères publiques des marchandises neuves » (Disc. de M. Quesnault, *Moniteur* du 8 avril 1841).

C'est alors qu'il fut convenu qu'après avoir indiqué par voie d'analyse les cas les plus ordinaires de nécessité de vente aux enchères, la disposition devrait se terminer par une expression générale et synthétique qui permît de vendre à cri public dans tous les cas de nécessité constatée. La rédaction du 1er § de l'art. 2 *in fine* répond à cette intention (1).

(1) Quelques paroles échappées à M. le garde des sceaux au sein de la Chambre des pairs auraient pu laisser croire que, dans sa pensée, l'art. 2 ne s'appliquait qu'aux cas de vente de fonds de magasin, et non à toutes les situations dans lesquelles pourrait se présenter la nécessité de vendre. Les explications réclamées par M. Rossi ont provoqué, de la part de M. Teste, ministre des travaux publics, la réponse suivante, qui montre combien l'article est général :

« Si j'ai bien saisi les paroles de M. le garde des sceaux, il « s'est borné à dire que le cas où il s'agirait de vente de fonds « de magasin serait le plus fréquent : or, M. Rossi le sait « aussi bien que moi, c'est pour les cas les plus fréquents « que les lois sont faites. Faut-il s'arrêter pour cela à cette « limite ? Pourquoi la loi poserait-elle cette borne fatale, « pour interdire aux tribunaux de commerce la faculté « d'autoriser, dans une foule de cas que je ne veux pas me « fatiguer à prévoir ? Est-ce que, pour être étroite, la limite « sera meilleure ? Est-ce qu'on aura mieux pourvu à ce qu'a « voulu la Chambre des députés, quand, de concert avec le « gouvernement, elle a adopté l'amendement ? En vérité, je « crois la rédaction du gouvernement bien préférable à une « indication plus restreinte ; et j'admettrais même qu'on « pût s'adresser au tribunal de commerce pour lui dire : J'ai « des engagements pour la fin du mois prochain, et la vente « s'est arrêtée ; j'ai eu peu de débit ; mais j'ai des fonds de « magasin dont je pourrais tirer parti si j'étais autorisé à les « vendre » (*Monit.* du 17 juin 1814).

19. — Passons rapidement en revue quelques-uns des principaux exemples cités par MM. Ganneron et Legentil. Ces exemples ayant entraîné la Chambre des députés à modifier la rédaction primitive, peuvent servir de guide certain aux parties elles-mêmes et aux juges consulaires dans l'appréciation des cas de nécessité dont il doit être justifié.

20. — *Expropriation pour cause d'utilité publique.* — « Il arrive tous les jours à Paris qu'un marchand soit exproprié de son établissement pour cause d'utilité publique, un percement de rue, l'érection d'un monument, un chemin de fer, etc. Temporairement forcé de quitter son magasin, il ne lui est pas toujours possible de retrouver immédiatement un autre magasin. Que ferait-il de ses marchandises neuves, s'il n'avait la faculté de les vendre aux enchères ? »

21. — *Fin de bail.* — La pratique des affaires, ajoutait M. Ganneron, m'a souvent fait rencontrer des marchands, arrivés au terme de leur bail, qui ne trouvent pas de local propre à leur commerce ; ils sont provisoirement forcés de suspendre leurs affaires, sans vouloir pour cela les céder ou aban-

donner. Que feraient-ils de leurs marchandises?

22. — *Gêne commerciale.* — « Rien de plus commun que de rencontrer des commerçants gênés; depuis dix ans nous en avons vu un trop grand nombre, malheureusement. Que deviendraient ces commerçants si, au prix de quelques sacrifices, ils ne pouvaient vendre les marchandises qui forment l'actif destiné à faire face à leurs engagements? Faudra-t-il qu'ils se mettent en faillite pour jouir du bénéfice de l'exception posée par un des articles de la loi, et n'est-il pas plus moral de les aider à sortir de l'embarras dans lequel ils seront momentanément plongés, que de les forcer à se mettre en faillite, ou bien de les forcer à s'adresser clandestinement à des usuriers pour emprunter sur gages? »

23. — *Liquidation de société.* — « Tous les jours une société se met en liquidation : les associés ne s'accordent pas, mais aucun d'eux ne veut quitter les affaires : s'ils ne s'entendent pas sur la valeur à donner à leurs marchandises, pourquoi donc n'obtiendraient-ils pas l'autorisation de les vendre aux enchères? »

24. — *Fonds de magasin.* — « A Paris, des marchands, dans certaines parties de commerce, se trouvent encombrés de ce qu'on appelle des *fonds de magasin*. Ces fonds de magasin se composent de marchandises qu'ils ne peuvent vendre aux consommateurs, soit parce qu'elles ont perdu de leur fraîcheur, soit parce qu'elles ne sont plus de mode. Il est d'une bonne administration pour une maison de commerce de ne pas les laisser agglomérer, parce qu'ils perdent de plus en plus en valeur, et que ce sont des capitaux morts. Pourquoi ne pourraient-ils les faire vendre par un officier public? pourquoi ne pourraient-ils s'en faire aucune ressource? »

25. — *Marchandises dispendieuses. Modèles.* — « Il est des marchandises qui coûtent des frais considérables à établir, parce qu'elles ne peuvent être confectionnées que par des artistes de haut mérite: tels sont les bronzes. Lorsque ceux qui en ont fait la dépense première en ont tiré un certain nombre de modèles, et que ces modèles, qui ne peuvent être copiés aussi longtemps qu'ils sont en leur possession, commencent à passer de mode, ils les vendent aux enchères, parce que ce mode de vente appelle le concours des marchands étrangers: fau-

dra-t-il que les fabricants de bronze renoncent à ce mode de vente? Mais ici, remarquez-le bien, l'intérêt des arts et des amateurs est gravement engagé. Si les fabricants n'ont pas l'espérance de s'en défaire sans perte trop grande, ils n'en feront plus confectionner, ou ils les feront payer beaucoup plus chèrement. »

26. — *La translation d'une ville dans une autre* peut, *à plus forte raison*, faire obtenir l'autorisation demandée. C'est au tribunal à se déterminer d'après la bonne ou la mauvaise foi. « L'intention du projet est de laisser au tribunal toute la latitude nécessaire pour venir au secours du marchand... mais en même temps d'armer la sévérité du juge contre les subterfuges employés pour éluder la loi » (Rapport de M. Quesnault).

27. — *Dont l'appréciation sera soumise au tribunal de commerce* (ou du tribunal civil, jugeant commercialement, dans les lieux où il n'y a pas de tribunal de commerce), — et non «*au président de ce tribunal*, » ainsi que MM. Bérenger, Rossi, etc., l'avaient demandé à la Chambre des pairs (*Moniteur* du 17 juin 1841. Cette condition est une garantie que les abus très-graves reprochés aux

ventes à cri public et en détail de marchandises neuves ne se reproduiront pas.

« C'est quelque chose pour un commerçant d'être obligé de révéler le secret de ses affaires, et d'exposer à des juges, commerçants comme lui, les motifs qui le forcent à employer une voie insolite pour vendre ses marchandises. Cette obligation seule de solliciter une autorisation empêchera de pareilles ventes de se multiplier. Si, d'ailleurs, elles ne sont pas justifiées, le magistrat refusera; il n'accordera l'autorisation que dans le cas d'une nécessité démontrée. Ainsi donc, que les motifs sur lesquels l'autorisation sera demandée soient patents comme la cessation de commerce, qu'ils soient cachés comme l'état de gêne, la justice veillera sur la bonne foi qui doit présider à la vente; elle saura empêcher cette vente si les motifs pour lesquels elle est demandée lui paraissent entachés d'un caractère frauduleux » (Discours de M. Ganneron, *Moniteur* du 4 avril 1841) (1).

(1) Un amendement fut proposé à la Chambre des pairs par M. de Barthélemy, portant que l'appréciation des cas de nécessité serait soumise par exception, *au maire de la commune, à l'égard des ouvriers, pour les marchandises qu'ils ont confectionnées eux-mêmes de leurs propres mains.*

« Dans les moments de crise commerciale, dit-il, lorsque les magasins de détail sont encombrés, qu'ils ne peuvent

Au nombre des *ventes prescrites par la loi*, se trouve celle des effets donnés en nantissement aux monts-de-piété » (Rapport de M. Quesnault) (1).

De même, les *ventes faites par autorité de justice comprennent les ventes qui ont lieu par suite de saisie-exécution* (V. *infra*, art. 3).

---

plus rien recevoir, un grand nombre d'ouvriers sont obligés, pour subvenir à leurs besoins et à ceux de leur famille, de porter à l'hôtel des ventes publiques les meubles qu'ils ont confectionnés de leurs propres mains. Ces meubles, étant de grand encombrement, ne peuvent être reçus au mont-de-piété. Faudra-t-il, pour qu'ils puissent continuer, qu'ils présentent requête, et qu'un jugement intervienne; ne paraîtrait-il pas de toute justice de conférer, dans ce cas, au maire de la commune, qui connaît, comme président du bureau de charité, les besoins de tous ses administrés, la faculté d'accorder à ces pauvres ouvriers l'autorisation de mettre en vente publique les meubles qu'ils auraient fabriqués eux-mêmes? Je crois que ce serait une chose juste. »

Mais cet amendement, appuyé par M. Mounier, fut rejeté.

(1) Le conseil général des manufactures, au contraire, avait émis le vœu (voy. *Procès-verbaux de ce conseil*, session de 1837-1838, p. 161), que l'institution sur les ventes en détail de marchandises neuves fût étendue aux monts-de-piété. Il arrive trop souvent que ces établissements reçoivent en gage des marchandises qui ne sont même pas déballées, et favorisent ainsi l'abus de confiance et l'escroquerie.

L'autorisation du tribunal du commerce, si elle avait été

30. — La seule exception qui soit apportée par la loi au principe de l'interdiction absolue des ventes à cri public, sans assistance d'officiers ministériels, résulte du deuxième paragraphe de l'art. 3; elle s'applique seulement :

1° *Aux ventes de comestibles.* «Dans les marchés de certaines villes, en vertu de règlements particuliers, des comestibles sont vendus *à la criée* par des facteurs spéciaux; le projet de loi n'apporte aucun changement à ces règlements ou usages» (Rapport de M. Quesnault).

2° *Aux objets de menue mercerie.* Que faut-il entendre par ces expressions? La loi ne s'est point expliquée à cet égard; peut-être est-il difficile de l'établir? Voici cependant la réponse qui fut faite par M. Martin (du Nord) à M. de Cordoue, qui en demandait le commentaire :

« L'explication est simple, dit-il; elle a été donnée par les chambres de commerce, qui se sont occupées de la question avec beaucoup de soin. Ce sont de petits objets de peu d'importance qu'on vend principalement dans les foires, et qu'on peut

---

exigée, aurait peut être rendu les agents de ces établissements plus circonspects, et prévenu ces faits dont la gravité n'est pas plus contestable que l'existence.

vendre aussi et débiter dans les villes. Cela a été parfaitement compris, et demandé par les chambres de commerce pour faire rentrer l'exécution de la loi dans sa véritable application » (*Moniteur* du 17 juin 1841) (1).

31. — La commission de la Chambre des députés, ayant principalement en vue, dans l'exception qu'elle créait, soit les petits marchands ambulants vendant des objets de peu de valeur et d'un mince volume, soit les ventes de poissons frais et autres comestibles, qui se font dans certaines villes en vertu d'arrêtés municipaux sur la police et le plaçage, avait d'abord proposé de terminer l'article 2 par ces mots : « et qui se vendent sur la voie publique avec la permission de l'autorité municipale. »

Mais, lors de la discussion de l'article, cette dernière partie du paragraphe fut retirée, dans la crainte que l'on ne pût « inférer de ces expressions,

(1) Les *Procès-verbaux des conseils généraux des manufactures et du commerce* ne présentent, sur les mots *menue mercerie*, aucune espèce d'éclaircissements. Ces conseils semblent s'en être rapportés, sur ce point, à l'appréciation de l'autorité municipale, à laquelle M. Quesnault a pourtant refusé, et à juste titre, dans la discussion, le droit de réglementer le commerce. V. ci-dessus, no 31.

qu'il était dans l'intention des auteurs de la loi d'ajouter aux droits de l'autorité municipale ce prétendu droit qu'elle a exercé quelquefois avec le blâme de l'autorité supérieure, de réglementer le commerce» (Obs. de M. Quesnault, *Moniteur* du 8 avril 1841).

En conséquence, « il faut d'abord conclure de ce retranchement, que l'autorité municipale, que la police locale conservent tous les droits qui leur appartiennent, en vertu des lois de 1790 et des règlements postérieurs, mais que la loi actuelle n'ajoute rien à ces droits, rien de ce qui pourrait porter atteinte à la liberté du commerce, en dehors des droits de la police locale sur les marchés et sur la voie publique » (M. Quesnault, *eod. loc.*).

32. — Mais ces mots avaient encore une autre portée : ils limitaient l'exception faite au principe de l'interdiction au seul cas où les ventes à cri public de comestibles et de menue mercerie auraient eu lieu sur la voie publique. Par suite, l'interdiction subsistait à l'égard des ventes faites dans l'intérieur d'un bazar ou d'un magasin loués, quoiqu'il s'agît des mêmes objets.

Suivant MM. de La Plesse et Delespaul, c'était

là un avantage. « En effet, toutes les fois que sur la voie publique on vend de la mercerie, disait M. de La Plesse, c'est à table découverte; des mouchoirs, par exemple : il est impossible d'y mêler des objets qui n'en feraient pas partie. Mais si, au contraire, on supprime ces mots, et si l'on autorise la vente de la menue mercerie dans les magasins..... la fraude sera facile: on glissera, sans que l'autorité puisse en rien savoir, des objets d'une assez grande valeur parmi les objets de menue mercerie... alors la loi est incomplète.»

En conséquence, M. Delespaul reprit, en quelque sorte, l'amendement de la commission, et proposa d'ajouter à la fin de l'article les mots suivants : « qui se font dans les lieux de passage, places publiques, marchés des villes et communes. »

Mais cet amendement ne fut même pas appuyé, et la suppression primitivement admise fut maintenue sur les observations de M. Quesnault (*loc. cit.*), qui fit remarquer d'abord «qu'il ne s'agissait « que de ventes qui se font par des étalagistes, dans « les marchés ; de ventes de modique valeur, qu'on « n'a pas cru équitable d'atteindre par la prohibi- « tion, et qui ne peuvent faire aucun mal sérieux « au commerce. Puis il ajouta :

« Il nous a paru peu juste d'interdire le droit de « faire dans une boutique ce qui pourrait légiti- « mement se faire à côté, sur la voie publique, et « nous ne comprenons pas pourquoi on donnerait « un privilége aux vendeurs qui se placent sur la « voie publique, contre ceux qui payent patente et « loyer d'un magasin pour faire le même com- « merce. Il nous a paru qu'il y avait là quelque « chose d'injuste, de peu équitable, et que nous « ne pouvions admettre une pareille contradic- « tion.

« Vainement on a dit que la même vente qui se « ferait dans un magasin, dans une boutique, of- « frirait peut-être plus d'inconvénient et de danger, « parce qu'elle ne serait pas soumise à la même « surveillance que le commerce qui se fait sur la « voie publique. Il est à remarquer qu'il s'agit ici « précisément de ventes publiques aux enchères, « de ventes auxquelles on appelle, par tous les « moyens possibles, la plus grande partie du pu- « blic. Par conséquent, la surveillance sera néces- « sairement appelée sur ces sortes de ventes; il « n'y aura rien de secret; et si, par hasard, on « voulait, sous l'apparence de ce commerce, en « faire un autre plus considérable, la police locale « serait là pour y veiller. »

De ces explications, en quelque sorte contradictoires, qui ont précédé le vote de l'art. 2, il résulte que les ventes de comestibles et d'objets de menue mercerie peuvent avoir lieu à cri public, soit aux enchères, soit au rabais et même à prix fixe proclamé, *en quelque lieu que ce soit, dans les magasins comme sur la voie publique.*

Art. III.

Les ventes publiques et en détail de marchandises neuves, qui auront lieu après décès ou par autorité de justice, seront faites selon les formes prescrites, et par les officiers ministériels préposés pour la vente forcée du mobilier, conformément aux articles 625 et 945 du Code de procédure civile.

33. — Le projet primitif contenait, après les mots : « qui auront lieu », ceux-ci : *« par suite de saisie-exécution.»* Mais la commission de la Chambre des députés « les a rayés comme étant suffisamment compris dans les ventes faites par autorité de justice » (Obs. de M. Quesnault, *Moniteur* du 8 avril 1841).

34. — Cependant M. Durand (de Romorantin), *eod. loc.*, avait proposé de les rétablir, en y ajoutant : « *faite par un créancier sérieux et sans collusion.* » A l'appui de son amendement, il invoquait la nécessité de déjouer les procédures collusoires qui pourraient être employées pour échapper aux défenses de la loi, et vendre en détail aux enchères hors des cas qu'elle détermine. Il s'applaudissait d'intéresser l'officier ministériel lui-même à la stricte et loyale exécution de la loi, en le rendant responsable des ventes faites par suite de collusion, auxquelles il aurait trop légèrement prêté son ministère, bien qu'il n'eût pas participé à la fraude et l'eût même ignorée. Enfin il se fondait, pour réclamer cette addition, sur l'arrêt de règlement du 23 août 1758, où on lit : « La Cour fait dé-« fense... de faire aucune vente publique de mar-« chandises... si elles ne sont comprises dans des « *saisies-exécutions faites en vertu de titres de* « *créances réservées et sur procédures non collu-* « *soires.* »

Mais cet amendement, que M. le garde des sceaux eût combattu, ainsi qu'il l'a déclaré, n'a été ni appuyé ni mis aux voix. Il en résulte que, pourvu qu'il y ait saisie-exécution, et que la vente aux enchères en soit la suite et le développement final, la responsabilité de l'officier ministériel qui y procède est entièrement à couvert : peu importe que le créancier ne soit pas sérieux, et qu'il y ait collusion entre lui et le débiteur saisi, afin de fournir à celui-ci le moyen d'éluder les prohibitions de la loi. Cette fraude pourra bien être prouvée contre le débiteur-vendeur, et donner lieu contre lui à l'application des peines édictées par l'art. 7; mais elle ne rejaillira contre l'officier ministériel qu'autant qu'il y aura trempé lui-même.

35. — *Après décès.* — Cet article décide bien que, quand ces sortes de ventes sont faites *en détail*, ce sont les commissaires-priseurs et huissiers qui doivent y procéder, suivant les règles de concurrence établies par les lois; mais il ne tranche pas par une disposition expresse, la question de savoir si les courtiers de commerce ont le droit de procéder aux ventes *en gros* de marchandises dépendant de la succession d'un commerçant, acceptée sous bénéfice d'inventaire (V. pour l'affirmative Rouen, 28 août 1838 (S. 39, 2, 65); et en sens contraire, une dissertation insérée au *Journal de procédure* (art. 1366); Benou, *Code du commissaire-priseur*, p. 36. V. d'ailleurs *infra*, 2e part., art. 4, n° 101, l'examen qui est fait de cette question).

Art. IV.

Les ventes de marchandises après faillite seront faites, conformément à l'art. 486 du Code de commerce, par un officier public de la classe que le juge-commissaire aura déterminée.

Quant au mobilier du failli, il ne pourra être vendu aux enchères que par le ministère des commissaires-priseurs, notaires, huissiers ou greffiers de justice de paix, conformément aux lois et règlements qui déterminent les attributions de ces différents officiers.

36. — D'après la législation en vigueur avant la nouvelle loi, les courtiers avaient, en cas de faillite, l'aptitude nécessaire (mais non pas *exclusive*, Cass., 27 février 1828, S. 28, 1, 122), à l'effet de vendre, *non-seulement* les marchandises du failli, *mais encore* ses meubles et effets, tels que comptoirs, meubles meublants, linge, etc. (V. en ce sens Paris, 16 mars 1829 (S. 29, 2, 165); Mollot, *des Bourses de commerce, agents de change et*

courtiers, n° 538, et les art. 486 Code de commerce, 534 et 535 Code civil).

37. — Désormais, au contraire, le juge-commissaire devra soigneusement distinguer les marchandises des autres effets mobiliers dépendant de la faillite; et, bien qu'il ait le droit incontestable de désigner la classe des courtiers, comme tout autre, pour procéder à la vente des marchandises, il devra, à peine de violation de la loi nouvelle, laisser la vente du mobilier proprement dit aux commissaires-priseurs, notaires, huissiers ou greffiers, *à l'exclusion des courtiers*.

Cette distinction est sans doute conforme à la nature essentiellement commerciale des attributions des courtiers. Mais fallait-il sacrifier pour elle l'intérêt fort respectable des créanciers de la faillite? Pourquoi faire procéder à deux ventes publiques et par deux officiers ministériels différents, lorsque les meubles meublants et les marchandises peuvent se vendre ensemble? N'est-ce pas augmenter inutilement les frais auxquels donne lieu la faillite? Il y avait un autre avantage à ce que la vente des effets mobiliers pût se faire comme celle des marchandises, par le ministère des courtiers, c'est que les droits d'enregistrement étaient beaucoup moins considérables; au lieu de 2 pour cent, il n'était perçu que ½ pour cent (Loi du 15 mai 1818, art. 74). Or, dans une faillite, il n'est pas d'économie à négliger pour diminuer la perte des créanciers (voy. en ce sens Mollot, *eod. loc.*).

38.—C'est la *classe* et non l'*officier ministériel* lui-même que le juge-commissaire a le droit de désigner; s'il nommait tel individu déterminément, il empiéterait sur les droits des syndics, et son ordonnance devrait être, sur leur appel, réformée par le tribunal. En effet, il est toujours permis de se pourvoir par voie d'appel devant le tribunal de commerce contre la décision du juge-commissaire, en ce qui concerne l'autorisation de vendre ou le mode d'opérer (C. com. 583) (voy. en ce sens Lainé, *des Faillites et banqueroutes*, p. 152).

Les droits des courtiers autorisés par le juge-commissaire à faire les ventes de marchandises après faillite nous paraissent les mêmes que ceux des autres officiers ministériels chargés de procéder aux ventes; ils peuvent, sans autre autorisation (Pardessus, *Droit commercial*, n° 131), vendre en détail et en quelque lieu que ce soit, hors de la Bourse. La faculté de vendre en détail résulte de l'opposition que présentent entre eux les art. 4

et 6 de la loi nouvelle. Dans l'art. 6, il s'agit des ventes en gros; dans l'art. 4, des ventes en détail. Or, ce dernier article admet le ministère des courtiers de commerce, sans leur imposer de conditions particulières. Celle de vendre hors de la Bourse est fondée sur la suppression faite en 1838, dans l'art. 486 Code de commerce, du mot *à la Bourse*, qui se trouvait dans l'ancien art. 492. Ajoutons que les décrets qui soumettent les courtiers de commerce à l'autorisation du tribunal pour qu'ils puissent vendre *hors de la Bourse*, et par lots inférieurs à 2,000 fr., ne statuent pas pour la circonstance de faillite (voy. en ce sens Mollot, n° 540; et en sens contraire, mais toutefois avant la loi de 1838, *sur les faillites et banqueroutes*, Paris, 16 mars 1829 (S. 29, 2, 165); Devilleneuve, *Dictionnaire du contentieux commercial*, v° *Courtiers de commerce*, n°s 70 et 79).

39. — Par la même raison, les courtiers peuvent, en cas de faillite, vendre toutes espèces de marchandises, même celles qui ne sont pas comprises aux tableaux dressés en exécution du décret de 1812 et de l'ordonnance de 1818. Tel nous paraît être le vœu de l'art. 486 du Code de commerce, qui reproduit l'ancien art. 492, auquel les dé-

crets n'avaient pas pour but de déroger, pour le cas de faillite, dont ils ne s'occupaient pas (Mollot, n° 539).

40. — *Conformément aux lois qui déterminent les attributions*, etc.; c'est-à-dire que les commissaires-priseurs auront, aux termes des art. 1er de la loi du 27 ventôse an IX, et 89 de celle du 28 avril 1816, le *droit exclusif* de procéder aux ventes publiques aux enchères du mobilier dans le chef-lieu de leur établissement (1), et dans tout le reste de l'arrondissement, la *concurrence* avec les notaires, greffiers et huissiers qui, suivant la loi du 17 septembre 1793, art. 1er, sont autorisés à faire les prisées et ventes de meubles dans toute l'étendue du royaume.

Art. V.

Les ventes publiques et par enchères, après cessation de commerce ou dans les autres cas

---

(1) Toutefois, le privilége des commissaires-priseurs ne s'étend pas aux communes limitrophes du chef-lieu, bien qu'elles en soient considérées comme les faubourgs (Angers, 28 janvier 1841, D. 1841, 2, 70). V. d'ailleurs *infra*, nos 91 et suivants.

de nécessité prévus par l'art. 2 de la présente loi, ne pourront avoir lieu qu'autant qu'elles auront été préalablement autorisées par le tribunal de commerce, sur la requête du commerçant propriétaire, à laquelle sera joint un état détaillé des marchandises.

Le tribunal constatera, par son jugement, le fait qui donne lieu à la vente; il indiquera le lieu de son arrondissement où se fera la vente; il pourra même ordonner que les adjudications n'auront lieu que par lots, dont il fixera l'importance.

Il décidera, d'après les lois et règlements d'attributions, qui, des courtiers, des commissaires-priseurs, ou autres officiers publics, sera chargé de la réception des enchères.

L'autorisation ne pourra être accordée, pour cause de nécessité, qu'au marchand sédentaire ayant, depuis un an au moins, son domicile réel dans l'arrondissement où la vente doit être opérée.

Des affiches apposées à la porte du lieu où se fera la vente énonceront le jugement qui l'aura autorisée.

41. — L'art. 5 de la loi a pour objet de compléter et d'organiser l'ensemble des garanties nécessaires pour conserver sa force au principe de l'interdiction des ventes à cri public, de marchandises neuves, tout en permettant de le faire fléchir, lorsque d'impérieuses circonstances l'exigeront.

En confiant l'appréciation des cas de nécessité aux tribunaux de commerce (art. 2), le législateur prouve qu'il a voulu que cette appréciation fût sérieuse. Les conditions nouvelles exigées par l'art. 5 auront cet autre avantage, qu'elles banniront l'arbitraire de leurs décisions; elles protégeront en outre le commerce de détail contre les soudaines irruptions des marchands forains qui parcouraient la France, et jetaient çà et là, dans les villes, des marchandises en si grande quantité que les débouchés du commerce de détail en étaient pour longtemps encombrés (4e alinéa). Enfin, la présence *nécessaire* d'un officier ministériel (3e alinéa, obs. de M. Quesnault, *Moniteur* du 9 avril 1841), sa responsabilité engagée (art. 7 et 8), seront un préservatif suffisant contre les abus des ventes à l'encan qui pourraient être faites par des gens qui, personnellement, n'offriraient qu'une solvabilité illusoire, et ne craindraient pas de s'exposer aux pénalités d'une loi impuissante à les atteindre (1).

42. — *Après cessation de commerce.* Une dis-

---

(1) *Le Droit,* journal des tribunaux, des lundi 12 et mardi 13 juillet 1841, rapporte que :

Le tribunal de commerce de la Seine a déjà prononcé plusieurs jugements, en exécution de la loi du 25 juin 1841. Voici le texte d'une de ces décisions rendue à l'audience du 6 juillet même année, sous la présidence de M. Carez, et sur la requête présentée par M. Amedée Lefebvre, agréé, agissant au nom de M. et madame Lemoine, éditeurs de musique, à Paris :

« Vu la requête présentée à l'audience par le sieur Lemoine et la dame son épouse, marchands sédentaires, et ayant leur domicile réel depuis plus d'un an à Paris, rue Vivienne, 18, se déclarant propriétaires des marchandises mentionnées en l'état détaillé, dûment timbré et enregistré le 5 de ce mois, et annexé à ladite requête ; —vu les art. 1, 2 et 5 de la loi du 25 juin 1841 ; Considérant qu'il est suffisamment établi que les demandeurs ont l'intention formelle de cesser le commerce d'éditeurs et marchands de musique qu'ils exercent à Paris, et que la cessation de commerce est un des cas prévus par la loi, pour motiver la vente de marchandises aux enchères publiques ;— le tribunal autorise les demandeurs à faire procéder à la vente aux enchères publiques des marchandises indiquées en l'état annexé à la requête présentée au tribunal, et non aucune autre, par le ministère de Me Martin, commissaire-priseur à Paris, dans l'hôtel des ventes, place de la Bourse ; dit que cette vente sera faite en 183 lots, ainsi qu'ils sont indiqués dans l'état sus énoncé. Ordonne que le présent jugement sera mentionné sur les affiches qui seront apposées à la porte du lieu où se fera la vente, et qu'il sera exécuté selon sa forme et teneur, par provision et même avant son enregistrement.

cussion s'est élevée sur le point de savoir si le seul fait de la cessation de commerce, constaté par le tribunal, entraînerait le droit de vendre aux enchères ; ou bien si, bien que ce fait fût établi, il dépendrait encore du tribunal d'accorder l'autorisation ou de la refuser?

M. Lestiboudois (*Moniteur* du 9 avril 1841) soutint que la constatation de la cessation de commerce devait suffire... « Tout ce que la loi peut « exiger, c'est que le tribunal constate qu'effecti- « vement il y a cessation de commerce, c'est-à-dire « qu'il constate deux choses, que le marchand fai- « sait le commerce, et qu'il le cesse réellement. Dans « ce cas, le droit de vendre aux enchères est une « nécessité absolue... Mais alors, pourquoi l'*auto-* « *risation* du tribunal de commerce ? »

M. le garde des sceaux répondit : « Il semble, au « premier abord, qu'entre la pensée du gouverne- « ment et celle qui a dicté l'amendement de M. Les- « tiboudois, il n'existe aucune différence. Sans « doute, la constatation par le tribunal de la ces- « sation de commerce implique, de sa part, « l'autorisation de vendre aux enchères ; et cepen- « dant je persiste à soutenir qu'il faut laisser au « tribunal le droit d'autoriser. Pourquoi? Parce « que l'autorisation est susceptible de diverses mo-

« difications. Ainsi, tantôt il s'agira de déterminer « le lieu de la vente, tantôt de décider si cette vente « se fera par lots ou en détail. Du moment qu'une « appréciation est nécessaire, laissons donc les juges « non-seulement constater la cessation du com- « merce, mais encore en régler les conséquen- « ces. »

M. Lestiboudois reprit : « Est-il bien entendu que la cessation de commerce entraîne le droit de vendre aux enchères? Si on l'entend ainsi, je retire mon amendement. »

M. le garde des sceaux répliqua : « Sans doute. »

43. — Il résulte donc de cette discussion, que « le tribunal de commerce, par cela seul qu'il a reconnu la cessation de commerce comme certaine, ne peut pas refuser la permission de vendre; seulement il a la faculté d'imposer certaines conditions, comme le lieu de la vente ou la quotité de valeur des lots. » Ces paroles de M. Gillon (*Moniteur* du 9 avril 1841) résument le débat, et en indiquent l'esprit d'une manière très-précise.

44. — Une autre difficulté fut prévue et soulevée par M. Gillon.

« Je prie M. le garde des sceaux, dit ce député,

« d'expliquer le sens législatif de ce mot *cessation*. « Entend-il qu'il faudra une *cessation absolue de* « *commerce*, ou bien suffira-t-il que le commerçant « qui réunit plusieurs branches de commerce re- « nonce à l'une de ces branches ? Par exemple, un « marchand de draps et de soieries renonce à tenir « plus longtemps le débit de l'une ou l'autre de ces « deux sortes de marchandises; le tribunal de « commerce, après avoir constaté la cessation « réelle et effective de commerce sur l'une de ces « deux branches d'industrie, devra-t-il accorder « au marchand l'autorisation de vendre aux en- « chères les marchandises appartenant à la bran- « che d'industrie à laquelle le commerçant re- « nonce? Je le souhaite, et je le crois : à mon avis, « c'est là le sens du texte en discussion; autrement « je voterais contre lui. Ainsi le mot *cessation* ne « s'entend pas uniquement d'une *cessation absolue*, « mais aussi d'une *renonciation exclusive à une* « *branche spéciale d'industrie, de débit de marchan-* « *dises*. »

M. le garde des sceaux l'interrompit en disant : « Vous expliquez exactement le sens de la proposition du gouvernement. » Et un instant après il ajouta lui-même :

« Les lois doivent toujours être loyalement en-

« tendues, et comme le projet que nous discutons « parle de cessation de commerce, il embrasse tous « les cas où, à raison de cette cessation, il y a « nécessité de vendre des marchandises. — Que si « un commerçant, dont le négoce a plusieurs bran-« ches, abandonne une de ces branches, il est « évident qu'il y aura lieu de vendre les marchan-« dises dépendant de cette branche » (V. *Moniteur* du 9 avril 1841).

45. — Il est donc certain, d'une part, que la cessation de commerce n'a pas besoin d'être générale et absolue pour autoriser la vente aux enchères; d'autre part, que la cessation partielle d'un négoce à plusieurs branches n'entraine pas l'autorisation de vendre aux enchères toutes les marchandises du négociant ou les marchandises d'une ou plusieurs autres branches, mais seulement celles qui dépendent de la branche qu'il abandonne.

46. — M. Rossi (*Moniteur* du 17 juin 1841) avait demandé la suppression des mots : « le tribunal constatera, par son jugement, le fait qui donne lieu à la vente. »

« Que le tribunal s'informe de la vérité du fait, sans doute cela doit être, disait-il; mais le jugement ne doit pas contenir l'énonciation du fait, car ce serait là donner d'une main au négociant une faculté qu'on lui retirerait de l'autre. — Vous ne ferez pas qu'un négociant aille exposer au tribunal de commerce les circonstances difficiles dans lesquelles il se trouve, s'il s'expose par là à les voir rappelées dans un jugement. — Il s'agit d'un jugement sur requête ; il n'est pas nécessaire qu'il constate les faits pénibles qui ont amené les négociants à demander l'autorisation. »

Mais cet amendement fut rejeté, sur les observations de MM. Teste et Martin (du Nord).

47. — *Il indiquera le lieu de son arrondissement où se fera la vente.* — Cette latitude a été laissée au tribunal de commerce, afin qu'il pût concilier l'intérêt du commerçant qui vend avec l'intérêt des autres marchands. Il ne fallait pas abandonner à l'arbitraire du négociant toutes les conditions de la vente; il aurait pu arriver que, par une vente intempestive, il bouleversât tout à coup le marché de la place, et fît un tort immense aux marchands sédentaires. « Si le tribunal de commerce aperçoit que la vente qui serait faite dans « tel lieu aurait, soit pour le marchand qui vend, « soit pour les autres marchands sédentaires du

« lieu, de graves inconvénients, et que, dans un « autre lieu du même arrondissement, la vente « pût être réalisée avec les mêmes bénéfices, le tri- « bunal aura la faculté de l'ordonner » (M. Quesnault, *Moniteur* du 9 avril 1841).

48. — Le tribunal n'a d'autres limites à sa puissance que celles de l'arrondissement. En conséquence, il pourra ordonner que la vente aura lieu *même ailleurs qu'au domicile du marchand*, s'il croit que l'intérêt du commerce sédentaire l'exige. Ceci résulte autant des termes généraux de la disposition que du rejet de l'amendement de M. Lestiboudois, qui proposait de réserver toujours au commerçant la faculté de procéder au lieu de son domicile à la vente aux enchères, lorsqu'elle serait autorisée, et de ne laisser au tribunal le droit de déterminer le lieu où la vente devait être faite, qu'autant que le marchand voudrait vendre ailleurs qu'à son domicile.

49. — La suppression de la fin du paragraphe ainsi conçue : « Il pourra même ordonner que les adjudications n'auront lieu que par lots, dont il fixera l'importance » fut demandée dans les deux Chambres (ici par M. de Cordoue, là par M. Lesti-

boudois) ; on se fondait sur ce que donner au tribunal ce droit exorbitant, c'était porter atteinte à la propriété du négociant, et lui faire manquer ou rendre plus difficile l'accomplissement du but qu'il se propose en vendant, et qui est de se procurer de l'argent. — Mais la disposition fut maintenue sur les observations de MM. Teste et Quesnault (*Moniteur* des 9 avril et 17 juin 1841).

« Il n'y a rien de nouveau dans cette disposition du projet du gouvernement, dit M. Teste; c'est la reproduction de l'article de la loi de 1819, qui fait loi dans la matière. — Ensuite, logiquement, le tribunal de commerce, d'après les articles votés, peut, soit accorder, soit refuser tout à fait l'autorisation : à plus forte raison doit-il pouvoir régler la condition de la vente. Évidemment le tribunal peut être en même temps frappé, et de la nécessité de vendre et de l'inconvénient pour le petit commerce à ce que la vente se fasse par trop petits lots ; et alors, en autorisant la vente à l'encan, il ordonne qu'elle sera faite par lots d'une certaine importance. »

50. — Toutefois, et c'est une remarque commune aux différentes parties de l'art. 5, les observations de M. Lestiboudois ne doivent pas être

perdues; elles ont provoqué de la part de la commission de la Chambre des députés des explications qui, nous l'espérons, engageront les tribunaux de commerce à n'user qu'avec modération des pouvoirs extraordinaires qui leur sont confiés dans un intérêt public. Ils devront partir de ce point, qu'ils auront primitivement constaté qu'il y a nécessité de vendre, et ne pas oublier que la vente ne peut être avantageuse au marchand qu'autant 1° qu'elle ne devra pas être transportée en dehors de toutes ses relations; 2° qu'elle s'adressera au public pour lequel il avait acheté ses marchandises. Ils devront sans doute ménager, autant que possible, les intérêts du commerce sédentaire; mais c'est là une considération secondaire qui peut bien décider le tribunal à user de son pouvoir, si l'intérêt du marchand n'en souffre pas, mais ne saurait en aucune manière prévaloir contre cet intérêt et y préjudicier. Le premier devoir du magistrat consulaire, c'est de faire en sorte de n'imposer à la vente, qui est nécessaire, qui est indispensable, il l'a reconnu, que des conditions qui ne soient pas de nature à nuire au marchand soumis à cette dure nécessité. « Il est « évident, a dit M. Quesnault (*loc. cit.*), que le « tribunal de commerce, lorsque la vente par lots

« sera de nature à nuire au marchand qui cesse « son commerce, ne l'ordonnera pas.

« Mais lorsque la vente par lots pourra *satisfaire* « à l'intérêt du vendeur, et qu'il sera possible de « *ménager* par là les intérêts du commerce séden- « taire, le tribunal, appréciant les circonstances, « prendra une décision qui conciliera tous les in- « térêts. »

51. — On peut se demander, à propos de la fixation des lots, si l'officier ministériel chargé de faire la vente serait en contravention à la loi et punissable des peines portées par l'art. 7, par cela seul qu'après avoir composé des lots dans la proportion fixée par le tribunal, il les adjugerait au-dessous de cette évaluation?

Non, à moins qu'il n'y ait une différence considérable entre l'évaluation et la vente, et cela par les raisons qui se trouvent développées sous l'art. 6, n° 68.

52. — *Il décidera*, etc. — L'art. 5, en statuant impérativement que le tribunal décidera quels seront les officiers ministériels chargés de la vente, indique par là même que les ventes de marchandises neuves à cri public ne peuvent être autori-

sées, dans les cas d'exception indiqués par l'art. 2, qu'avec le ministère d'officiers publics. Les autres ventes à cri public restent donc sous le coup de l'interdiction absolue prononcée par le même article (M. Quesnault, *Moniteur* du 9 avril 1841).

Il est à remarquer en outre que la désignation du tribunal n'est point arbitraire, ainsi qu'aurait pu le laisser croire l'expression *selon les circonstances*, primitivement contenue dans l'article; elle est soumise *aux lois et règlements d'attributions* qui régissent les officiers ministériels chargés de procéder aux ventes de meubles. Ainsi, s'agit-il d'une vente en gros que le tribunal a autorisée (1), il devra commettre les courtiers de commerce pour y procéder (décr. de 1811 et 1812; ord. de 1819); s'agit-il, au contraire, d'une vente en détail dans une ville où des commissaires-priseurs sont insti-

---

(1) Il est entendu qu'il s'agit d'une vente qui doit avoir lieu dans la limite de la commune où se trouve la Bourse à laquelle ils sont attachés ; autrement ils seraient incompétents (V. en ce sens Rouen, 4 mai 1839 (S. 39, 2, 343) ; Pardessus, *Droit commercial*, tom. 1er, n° 125 V. aussi *Analogue* dans le même sens ; Caen, 14 août 1818 (S. 18, 1, 321); — et passibles de dommages et intérêts envers les officiers ministériels, dont ils auraient lésé les droits ; Rouen, 4 mai 1839 (*eod. loc.*). V. d'ailleurs *infra*, 2e part., art. 3, 3o.

tués, c'est aux commissaires-priseurs qu'il devra donner mission de faire la vente. Toutefois le pouvoir du tribunal sera véritablement discrétionnaire pour les ventes faites aux lieux où il y a concurrence entre les commissaires-priseurs, les notaires, huissiers et greffiers (lois du 27 vent. an IX, art. 1, et du 28 avril 1816, art. 89) (voy. d'ailleurs *supra*, art. 4, nº 40).

Le fond de cette disposition, théoriquement parlant, peut être considéré comme inutile et de plein droit; mais le pouvoir remis au tribunal de commerce aura pour avantage d'éviter dans la pratique une foule de discussions, de rivalités et de procès entre les différentes classes d'officiers vendeurs de meubles.

53. — *L'autorisation ne pourra être accordée pour cause de nécessité qu'au marchand sédentaire*, etc. — C'est dans cette disposition, due à l'initiative de M. Ganneron (*Moniteur* du 4 avril), que réside spécialement la protection que le pouvoir législatif a voulu assurer au commerce sédentaire et de détail. Elle le met à l'abri des ruineuses irruptions des colporteurs qui arrivaient inopinément dans les localités, les inondaient de marchandises pour un temps très-long, enlevaient l'argent comptant, et laissaient partout où ils passaient le commerce

de détail languissant, sans débouchés, et de plus exposé aux chances des crédits qu'il était obligé d'accorder pour quelques rares ventes (*Procès-verbaux du Conseil des manufactures*, p. 165).

54. — *Des affiches.... énonceront le jugement.* — Cette disposition était nécessaire afin d'empêcher le retour des rixes qui avaient eu lieu dans quelques villes à l'occasion des ventes à l'encan de marchandises neuves. Les marchands sédentaires avaient voulu s'y opposer ; les marchands à l'encan avaient résisté : de là des luttes, dans lesquelles l'autorité municipale était intervenue et n'avait pas toujours été respectée. On a pensé que, lorsque le commerce de détail verrait que la vente est autorisée, et qu'elle est légalement faite, personne ne viendrait s'y opposer (voy. en ce sens M. de La Plesse, *Moniteur* du 9 avril 1841).

55. — «Cette expression *énonceront le jugement*, a dit M. Gillon qui l'a fait introduire (*loc. cit.*), signifie l'*indication de la date du jugement et de la nature des marchandises*. Voilà, en effet, ce qui importe seul au public.»

Le projet portait que les affiches énonceraient *les motifs du jugement ;* mais cette rédaction a été rejetée sur la proposition de M. Gillon et les observations de MM. Legentil et Thil. — « Il y a une foule de motifs parfaitement honnêtes et respectables, dit M. Legentil, qui déterminent le père de famille à vendre ses marchandises et qu'il ne peut dévoiler. Ainsi, il lui serait très-pénible de dire qu'il vend son fonds, parce qu'il a un fils à établir; qu'il vend, parce qu'il a des billets à payer. — Exiger l'énonciation des motifs du jugement sur les affiches, ce serait rendre impossible à celui qui aurait besoin d'en profiter l'usage de la faculté qui lui est accordée. »

56. — Mais il ne faut pas conclure de là que le jugement lui-même ne doive pas énoncer de motifs. Les chambres n'ont point été appelées à statuer sur ce point. En conséquence, il faut reconnaître, d'après les principes généraux, qu'il doit être motivé (L. 20 avril 1810, art. 7). Cela paraît d'ailleurs résulter du discours de MM. Mater et Thil, qui ont constamment supposé que le jugement contenait des motifs; et la manière dont M. le président de la Chambre mit aux voix la proposition de M. Gillon le prouve encore davantage. Voici ce qu'il dit :

« L'amendement de M. Gillon a pour but de

« déclarer que les affiches énonceront seulement le « jugement qui permet la vente, mais sans indi- « cation de motifs. »

N'est-ce pas supposer implicitement que le jugement en contient? S'il ne devait pas en contenir, y aurait-il besoin de déclarer qu'ils ne seront pas rappelés sur les affiches?

L'insertion des motifs dans les jugements est d'ailleurs une garantie contre l'arbitraire des tribunaux, et forcera les juges à s'assurer qu'il y a véritablement nécessité d'accorder l'autorisation.

Enfin, c'est une ordonnance *motivée* qu'il faut pour déroger à la quotité des lots fixée par l'ordonnance de 1819 (art. 5). L'analogie veut qu'il en soit de même, et peut-être, à plus forte raison, des jugements qui autorisent les ventes conformément à l'art. 5 (v. d'ailleurs en ce sens Mollot, n°s 546 et 547).

57. — Il reste à examiner si les jugements rendus par le tribunal de commerce, en vertu de l'art. 3, sont susceptibles d'être attaqués par la voie de l'*opposition* ou celle de l'*appel*. — Les négociants de la ville où doit se faire la vente pourraient-ils, par exemple, y avoir recours, s'ils contestaient que le requérant réunit les conditions exigées par l'art. 5 de la présente loi (voy. *infra* sur l'art. 7)?

Les mêmes voies seraient-elles ouvertes aux classes d'officiers publics vendeurs de meubles qui prétendraient que les règles de compétence que la loi établit entre eux ont été violées à leur préjudice par le jugement (voy. *infra*, 2e part., art. 6)?

58. — Il est certain qu'un recours existe dans ces deux cas. M. Quesnault, rapporteur à la Chambre des députés, en est convenu expressément, lorsque, répondant à M. Durand (de Romorantin), il a dit qu'on ne contestait pas aux tiers le droit de faire valoir leurs moyens contre les ventes qui leur portent préjudice; qu'à cet égard il n'est pas dérogé à la jurisprudence admise par la Cour de cassation (voy. *infra* sur l'art. 7). La forme du recours peut donc seule être douteuse.

59. — Quant à l'*appel* et à l'*opposition*, ils sont inadmissibles, attendu que ni les officiers ministériels, ni les commerçants qui se plaignent n'ont été parties au jugement rendu par le tribunal (voy. en ce sens Colmar, 15 avril 1807, S. 6, 2, 29).

60. — L'*appel* serait également inadmissible de la part du requérant lui-même, dans le cas où sa demande n'aurait pas été accueillie. Il résulte des termes des art. 2 et 5, et de l'esprit général de la

discussion qui a eu lieu dans les Chambres, que le tribunal de commerce est *appréciateur souverain* des cas de nécessité. Il exerce alors un *pouvoir* en quelque sorte *discrétionnaire* (M. Bérenger, *Monit.* du 17 juin). Lui seul connaît d'ailleurs l'état commercial des localités, seul il peut apprécier quel est l'intérêt du commerce de détail, s'il vaut mieux permettre la vente en tel lieu qu'en tel autre; décider qu'elle aura lieu par lots, et comment il convient d'en fixer l'importance, etc. La Cour, qui est étrangère à toutes ces connaissances, ne saurait donc être appelée à réviser les décisions du tribunal. Ajoutons que, M. Gillon ayant dit expressément qu'on ne pourrait appeler de ces jugements, il ne fut pas contredit par M. le garde des sceaux, qui lui répliqua sur d'autres points, et notamment en ce qui concerne l'énonciation des motifs, que ce député avait combattue (*Moniteur* du 9 avril 1841, p. 929).

61. — Quelle voie sera donc ouverte contre ces jugements? La tierce-opposition. En effet, la double condition exigée de ceux qui veulent user de ce recours extraordinaire se trouve remplie par les officiers ministériels et les commerçants qui se plaignent : ils n'ont point été parties au jugement qui autorise la vente, et ce jugement préjudicie

aux droits qu'ils prétendent tenir des lois existantes (C. de proc., art. 474. — *Dictionnaire de procédure* de MM. Bioche et Goujet, v° *tierce-opposition*, nos 16, 17 et 18).

Dire qu'il s'agit ici d'un jugement sur requête ne serait point une objection. La Cour suprême a reconnu par arrêt du 22 avril 1828 (D. 28, 1, 223) que la tierce-opposition s'appliquait même à cette espèce de jugement.

Prétendre que les jugements des tribunaux de commerce ne sont pas susceptibles de tierce-opposition, ne serait pas une objection plus sérieuse (voy. Cass., 23 juin 1806, D.; v° *Tierce-opposition*, p. 643; Berriat-Saint-Prix, *Procédure civile*, p. 499, note 12).

62. — Les officiers ministériels et les commerçants pourront même, en usant de la voie de la tierce-opposition, s'adresser au tribunal de commerce pour obtenir que l'exécution du jugement soit suspendue (C. de proc., art. 478).

63. — Leur intérêt lui-même exigera qu'ils en agissent ainsi, car, s'ils laissaient la vente s'accomplir librement, en vertu d'une désignation d'officiers publics faite par le tribunal, en violation des lois d'attributions, celui d'entre

eux qui aurait procédé à la vente ne serait soumis à aucune responsabilité personnelle envers les officiers ministériels dont les droits auraient été lésés, et leur recours deviendrait inutile, sous le rapport des réparations civiles. Dans ce cas, en effet, l'officier ministériel n'ayant fait qu'obéir aux ordres de la justice, l'art. 1382 du Code civil serait inapplicable ; il ne serait point alloué de dommages-intérêts (1). C'est au surplus ce que la Cour de cassation a décidé, par arrêt du 2 juillet 1830 (S. 30, 1, 404), dans une espèce où il s'agissait d'un courtier de commerce nommé, par une ordonnance du tribunal de commerce, pour procéder à une vente de marchandises autorisée par la même ordonnance, laquelle vente constituait un empiétement sur les attributions des commissaires-priseurs (V. aussi en ce sens Mollot, n° 546).

Il est inutile d'ajouter que, dans le même cas, l'officier ministériel serait à l'abri de toute peine disciplinaire ou autre.

64. — Il en serait de même au cas où les commerçants d'une ville auraient souffert l'accomplisse-

(1) Toutefois, ils auraient toujours le droit de se pourvoir par *action directe*, pour faire déclarer qu'à eux seuls appartient le droit usurpé sur eux. V. *infra*, 2e part., art. 7.

ment d'une vente faite au mépris des autres dispositions prescrites par l'art. 5.

Art. VI.

Les ventes publiques aux enchères de marchandises en gros continueront à être faites par le ministère des courtiers, dans les cas, aux conditions, et selon les formes indiquées par les décrets des 23 novembre 1811, 17 avril 1812, la loi du 15 mai 1818, et les ordonnances des 1er juillet 1818, et 9 août 1819 (1).

---

(1) L'ordonnance de 1819 a été attaquée comme inconstitutionnelle, dans un mémoire publié en 1829, par M. Lacroix-Frainville; mais, dès cette époque, un arrêt de la Cour de Paris a décidé qu'elle rentrait dans l'exercice réglémentaire qui appartient au roi, et que dès lors elle était obligatoire pour les tribunaux (V. Paris, 16 mars 1839, S. 29, 2, 165). Le pourvoi contre cet arrêt a été rejeté par la Cour de cassation, le 9 janvier 1833 (S. 33, 1, 105). Cela n'empêche pas M. Benou, *Code du commissaire-priseur*, p. 25, d'adopter une opinion contraire, en l'étayant d'extraits du mémoire précité, et sans même mentionner les arrêts qui précèdent. Mais aujourd'hui toute incertitude doit cesser : il suffira de remarquer que l'article 6 de cette loi, qui rappelle l'ordonnance de 1819, équivaut à la sanction législative de chacune de ses dispositions par le pouvoir législatif lui-même.

65. — Cet article maintient la législation spéciale qui règle les ventes de marchandises en gros. Elle ne présentait en effet absolument rien qui ne fût en harmonie avec le but et l'esprit de la loi nouvelle; au contraire, elle pourvoyait par de sages précautions à ce que ces ventes ne pussent porter préjudice au commerce de détail.

Ainsi, hors les cas de faillite réglés par l'art. 4, les ventes aux enchères de marchandises ne pourront avoir lieu par le ministère des courtiers qu'en vertu d'une autorisation du tribunal de commerce (Décrets des 22 novembre 1811 et 17 avril 1812, art. 1er ; V. *Appendice*, VII et VIII).

Elles continueront à se faire à la Bourse, à moins que l'autorisation ne détermine un autre lieu, conformément aux règles posées par les art. 1 et 2 de l'ordonnance du 9 avril 1819 (*Appendice*, XIII).

Elles ne pourront comprendre d'autres marchandises que celles qui sont spécifiées dans les tableaux qui doivent être dressés par les tribunaux de commerce et approuvés par le ministre de l'intérieur, en exécution du décret du 17 avril 1812 et de l'ordonnance du 1er juillet 1818. V. *Append.*, XIV.

Enfin elles ne pourront avoir lieu par lots au-dessous de 2,000 fr. pour la place de Paris, et de 1,000 fr. pour les autres places de commerce (décret du 17 avril 1812, art. 6), à moins que le tribunal de commerce n'autorise le vendeur à déroger pour la formation des lots à la fixation du minimum porté au décret de 1812 (ordonnance du 9 avril 1819, art. 5); mais toutefois, sans qu'il puisse « autoriser la vente des articles pièce à pièce ou en lots à la portée immédiate des consommateurs, mais seulement en nombre et quantité suffisants, d'après les usages, pour ne pas contrarier les opérations du commerce de détail » (*eod. loc.*).

66. — Les ventes ainsi faites continueront en outre de jouir de la faveur qui leur est accordée par l'art. 74 de la loi de finances du 15 mai 1818. Cet article décide que les droits d'enregistrement sur ces sortes de ventes seront réduits de 2 fr. pour cent à 50 c. pour cent.

V. au surplus *Dict. de procéd.*, t. 5, *Vente de meubles aux enchères*, n°s 34, 35, 36 et 37; Mollot, *des Bourses de commerce*, etc., n°s 533 et suiv.

67. — Le gouvernement, craignant que le pouvoir discrétionnaire laissé aux tribunaux de commerce pour la formation des lots n'ouvrît accès à des abus, avait proposé de décider que les lots ne pourraient jamais être au-dessous de 500 fr., et

M. Tesnières avait repris cette proposition en restreignant le minimum à 200 fr. Mais toute fixation d'un minimum a été repoussée par les motifs suivants : « La variété et la disproportion que présente le prix comparé des diverses marchandises ne permettent pas de trouver dans un chiffre déterminé une limite toujours convenable ; ce chiffre sera, selon les lieux et les circonstances, ou trop bas, ou trop élevé. Un lot de 500 fr. pourra, suivant la nature des marchandises, ne contenir qu'un ou deux articles, ou composer un approvisionnement trop important pour convenir au petit commerce. Le système de l'ordonnance de 1819, qui concilie les garanties dues au commerce de détail avec ses besoins et ses convenances, a paru préférable » (Rapport de M. Quesnault).

68. —Ici se place la question de savoir si un courtier est en contravention à l'ordonnance royale de 1819 lorsqu'après avoir composé des lots dans la proportion fixée par le décret de 1812, il les adjuge audessous de cette évaluation.

Voici comment M. Mollot, n° 548, répond à cette question; son opinion est conforme à l'équité :

« L'espèce proposée ne peut se réaliser qu'autant

que le courtier a omis de solliciter du tribunal la dérogation au taux du décret sur la fixation des lots.

« Dans cette hypothèse, nous ne pensons pas qu'il soit responsable.

« L'art. 6 du décret ne prescrit pas que les lots seront vendus au moins 2,000 fr.; il dit simplement que les lots ne pourront être, d'après l'*évaluation approximative et selon le cours moyen des marchandises au-dessous de 2,000 francs*, ce qui signifie bien que c'est l'évaluation préalable et non la vente qui est interdite au-dessous de cette somme. Les courtiers vendeurs ne sont pas certains, en effet, du prix auquel s'élèvera l'adjudication. Leur défendre d'adjuger à un prix plus bas que l'évaluation, ce serait quelquefois porter préjudice au propriétaire des objets mis en vente. S'il existait entre le prix de la vente et l'évaluation une disproportion trop grande, il deviendrait au contraire évident que les courtiers ont voulu éluder la prohibition du décret. »

Cette distinction paraît aussi admise par M. de Villeneuve, qui la rapporte, sans critique, dans son *Dictionnaire du contentieux commercial* (V. *courtiers de commerce*, n° 68).

Art. VII.

Toute contravention aux dispositions ci-dessus sera punie de la confiscation des marchandises *mises en vente*, et, en outre, d'une amende de 50 à 3,000 fr., qui sera prononcée solidairement, tant contre le vendeur que contre l'officier public qui l'aura assisté, sans préjudice des dommages-intérêts, s'il y a lieu.

Ces condamnations seront prononcées par les tribunaux correctionnels.

69. — Cinq points principaux sont à remarquer dans cet article :

1° Quelles marchandises sont frappées de confiscation ;

2° La quotité de l'amende ;

3° La solidarité prononcée tant contre le vendeur que contre l'officier public ;

4° L'allocation de dommages-intérêts, s'il y a lieu ;

5° La juridiction qui doit connaître des infractions à la loi.

Passons-les successivement en revue :

70. — Il ne peut y avoir d'incertitude sur le point de savoir quelles marchandises seraient, en cas d'infraction à la loi, frappées de confiscation. Il ne s'agit pas de la confiscation de toutes les marchandises sur lesquelles doit s'exercer la vente et qui sont exposées dans le magasin : la confiscation atteint seulement les marchandises dont la *mise en vente* constitue une contravention à la présente loi.

Les explications de M. Delespaul à cet égard, les exemples qu'il a présentés, sont de nature à faire disparaître tous les doutes. Voici comment, en sa qualité de membre de la commission, il s'exprima à la Chambre des députés, avant le vote de l'article 7 :

« Il y a un point essentiel à expliquer.

« L'article 7 dit que toute contravention aux « dispositions ci-dessus sera punie de la confisca- « tion des marchandises mises en vente. Il faut « qu'on sache bien ce que les mots *mises en vente* « ont pour but d'exprimer.

« Voici ce que la commission a voulu.

« Dans les deux rapports qui ont été présentés « à la Chambre, par l'honorable M. Hébert, les « 11 juillet 1839 et 24 avril 1840, il est dit :

« On comprend que, pour ne pas être éludée « par l'adresse des contrevenants, la confiscation « doit atteindre, non-seulement chacun des arti- « cles actuellement soumis aux enchères, mais « encore toutes les marchandises rassemblées dans « le local de la vente, et destinées évidemment à « être vendues de cette manière. C'est ce que les « mots *mises en vente* ont pour but d'indiquer.

« Au contraire, dans le rapport qui vous est « aujourd'hui soumis, par l'honorable M. Ques- « nault, il est dit :

« La prohibition de la loi serait illusoire, si elle « n'était sanctionnée par une disposition pénale. « La loi punit de la confiscation et de l'amende « ceux qui l'enfreignent. La confiscation doit at- « teindre tous les objets du délit, c'est-à-dire, « toutes les marchandises exposées en vente con- « trairement aux défenses de la loi. »

« Ainsi, dans la pensée des commissions anté- « rieures, la confiscation devait atteindre, non-seu- « lement chacune des marchandises offertes au pu- « blic, par la voie des enchères, au moment de la « constatation du délit, mais encore toute la partie « du magasin rassemblée dans le local de la vente, « quoique actuellement soustraite aux regards de « l'amateur, et mise hors de sa portée : tout ce qui

« serait caché, par exemple, derrière un paravent « ou un rideau, et destiné, dans la pensée du marchand, à alimenter la vente du lendemain et des « jours suivants.

« Nous avons été plus modérés dans nos prétentions, Messieurs ; nous avons craint de paraître « exagérés en étendant la rigueur des pénalités « aussi loin que l'avaient fait vos commissions antérieures. Nous avons maintenu l'amende de 50 à « 3,000 fr.; mais *nous avons restreint la confiscation « aux objets du délit proprement dit*. Ainsi, un commerçant qui a renoncé à son négoce aura obtenu « du tribunal de commerce l'autorisation de vendre « publiquement, et par enchères, les marchandises « qui étaient l'objet de l'industrie par lui délaissée ; « il aura joint à sa requête un état détaillé des marchandises qu'il veut vendre ; mais, au milieu de « ces marchandises, il en introduit d'autres qui « n'étaient pas comprises dans l'état qu'il a fourni : « nous voulons que la confiscation atteigne ces dernières, celles-là seulement qui auront été vendues « au mépris des défenses de la loi, et sans autorisation préalable de la justice.

« Ainsi, encore, un marchand colporteur aura « sciemment introduit, dans une vente à prix fixe « proclamé d'*objets de menue mercerie* des mar-

« chandises qui, en bonne conscience, ne pouvaient « être vendues de cette manière : nous ne prétendons « pas que la boutique tout entière de ce petit éta- « lagiste soit saisie et confisquée ; nous ne voulons « atteindre que l'objet seul du délit, les articles « seulement qui, ne pouvant être considérés comme « de la menue mercerie, auront été mis frauduleu- « sement aux enchères, ou vendus à prix fixe pro- « clamé.

« Ainsi encore, dans une autre vente faite par « suite de saisie-exécution, après décès, ou par auto- « rité de justice, un commissaire-priseur, ou autre « officier public, aura glissé furtivement, comme « on pourrait malheureusement en citer plus d'un « exemple, des marchandises neuves ne faisant pas « partie du fonds ou mobilier mis en vente : dans « ce cas, la confiscation ne s'étendra pas soit à ce « fonds, soit à ce mobilier, mais elle frappera seu- « lement les marchandises qui auront été vendues « en dehors, et contrairement aux défenses de la loi.

« En voilà assez, je pense, pour que nous soyons « compris, et pour que les tribunaux qui seront « chargés d'appliquer la loi sachent bien ce que « nous avons voulu. »

71. — Le *minimum* de l'amende fixé par l'art. 7

est tel, qu'on n'a point à regretter que l'art. 463 ne puisse être appliqué. Il est de jurisprudence, en effet, que cette disposition, qui permet aux juges de modérer les peines d'amende et d'emprisonnement, doit être restreinte aux peines prononcées par le Code pénal, et ne saurait s'appliquer aux amendes prononcées par des lois spéciales. Cass. 12 mars 1813 (S. 13, 1, 345); 28 janvier 1830 (S. 30, 1, 141) (1).

72. — La disposition qui prononce la *solidarité* de l'amende entre le vendeur et l'officier public est la reproduction de l'art. 55 du Code pénal; elle a pour effet, aux termes des art. 1200 et 1202 C. civ.,

---

(1) M. Duvergier (*Code pénal annoté*, p. 79) fait, sur l'art. 463, l'observation suivante, qui confirme l'opinion qui vient d'être émise :

« On avait proposé, en 1832, d'étendre la disposition à tous les cas où les peines d'emprisonnement et d'amende sont prononcées par des lois autres que le Code pénal, sauf quelques exceptions. Cette proposition a été rejetée. Il faut, par conséquent, tenir pour constant, conformément à la jurisprudence antérieure de la Cour de cassation, que l'art. 463 ne peut être appliqué que dans les matières sur lesquelles dispose le Code pénal, à moins de disposition expresse placée dans une autre loi, et qui déclare cet article applicable. »

V. aussi, en ce sens, l'ouvrage de M. Parant, *Lois de la presse* en 1836, p. 153.

d'autoriser les agents du fisc à en réclamer le montant *pour la totalité*, soit à l'officier public, soit au vendeur.

73. — Ici se place la question de savoir si celui des deux condamnés à l'amende qui l'aura acquittée intégralement doit avoir le droit d'en réclamer la moitié contre celui qui a été condamné *solidairement* avec lui, et qui n'a rien payé (art. 1214) (Demante, *Programme de droit civil*, tome 2, n° 662).

Il paraît certain que, même dans ce cas, le recours établi par l'art. 1214 Code civil doit avoir lieu. En effet, cet article ne distingue pas entre les différentes espèces de solidarité : les termes en sont généraux et s'appliquent aussi bien à la solidarité légale, dont il est question dans l'art. 1202 qui le précède, quelle qu'en soit la source, qu'à la solidarité conventionnelle elle-même. Cela est d'ailleurs équitable. S'il en était autrement, il y aurait délit impuni à l'égard de l'un des auteurs. Enfin l'action de celui qui a acquitté la dette totale n'a pas pour cause le délit; elle naît du jugement qui a condamné solidairement deux personnes, dont l'une se trouve plus tard avoir acquitté non-seulement sa dette, mais aussi celle de son co-auteur (V. en ce sens Mazerat, *Questions sur le Code civil*, n° 643).

74.—Quant aux *dommages et intérêts* qui peuvent être alloués, soit à une certaine classe d'officiers ministériels, soit à un commerçant, dont les droits seraient lésés (V. *infra*, n°s 78 et suivants), ils devraient aussi être prononcés *solidairement*, aux termes de l'art. 55 du Code pénal. La condamnation aux *dépens* devrait également être solidaire, par application de la même disposition.

Mais, dans les deux cas, il y aurait lieu au recours dont il est parlé au n° 73.

75. — Le deuxième alinéa de l'art. 7 attribue aux tribunaux correctionnels la connaissance des *infractions* à la présente loi (et non des *contraventions*; celles-ci sont de la compétence des tribunaux de simple police). Cette disposition est conforme aux principes généraux qui veulent que lorsque l'amende est supérieure à 15 fr., ce soit les tribunaux correctionnels qui prononcent.

Il suit de cette disposition que la partie lésée par une infraction à la loi du 25 juin aura deux voies pour obtenir la réparation du préjudice qui lui aura été causé : elle pourra s'adresser directement aux juges ordinaires (1), ou même se porter *partie civile* devant les tribunaux de justice répressive. On peut voir, en ce qui concerne la forme de procéder dans ce dernier cas, les droits et les obligations de la partie civile, les développements que l'auteur du présent ouvrage a donnés au mot *Partie civile,* dans le *Dictionnaire de procédure*, publié par M. Bioche.

76. — L'article 7 étant général et se référant sans distinction à toutes les dispositions qui le précèdent, on doit conclure que les ventes aux enchères qui seraient faites en contravention aux lois, règlements et ordonnances sur les ventes des marchandises en gros, et qui rentreraient ainsi dans

---

(1) Jugé que le tribunal de commerce est compétent pour statuer sur l'action formée par un marchand contre un autre marchand, à l'effet de faire interdire à celui-ci la vente de marchandises à l'encan, par l'entremise d'un commissaire-priseur (C. civ., 632); Grenoble, 16 mars, Douai, 17 août 1837 (*Journal de procédure*, 1839, art. 1505).

Mais il serait incompétent à l'égard du commissaire-priseur, si l'action était dirigée tant contre cet officier ministériel que contre le marchand vendeur. C'est au tribunal civil qu'il appartient de connaître des attributions des commissaires-priseurs (Bourges, 24 mai 1839, *Journal de procédure*, art. 1507). — Il faudrait ajouter, depuis la loi du 25 juin 1841, lorsque la poursuite n'est pas intentée par la voie correctionnelle.

la classe des ventes prohibées, donneraient lieu à l'application des peines portées par la présente loi (Rapport de M. Quesnault).

77. — Mais aucune de ces ventes, soit en gros, soit en détail, ne serait frappée de nullité, bien que l'autorisation elle-même fût nulle, parce que la loi se borne à édicter des peines pécuniaires pour l'inobservation des règles qu'elle trace, et ne prononce pas cette double nullité (V. *Analogue* en ce sens, Mollot, n° 456).

78. — M. Durand (de Romorantin) proposait d'ajouterà la fin de l'article : « Néanmoins, toute partie « intéressée aura le droit de former opposition à « la vente, et de se pourvoir directement devant « le tribunal civil, et même, en cas d'urgence, « devant le président, par voie de référé. »

Mais il a consenti à retirer son amendement d'après les explications suivantes, données par M. le rapporteur (*Moniteur* du 9 avril 1841) :

« La commission ne croit pas nécessaire d'orga- « niser dans la loi le principe que M. Durand vou- « drait y introduire. Néanmoins, la commission « ne conteste pas le droit, pour les tiers, de faire « valoir leurs moyens contre les ventes qui portent

« préjudice à l'exercice de leurs droits. La Cour de « cassation a admis ce droit en faveur du com- « merce sédentaire, qui se trouve lésé par des ventes « illégales.

« La commission n'a pas voulu déroger à cette « jurisprudence ; elle s'en réfère au droit commun. »

79. — Il reste donc constant que les commerçants d'une ville ont individuellement qualité pour s'opposer aux ventes qui seraient faites en violation de la loi, ou des formes qu'elle détermine, et pour procéder en justice sur les contestations qui s'élèvent à cet égard (Code civil, 1383). Arg. cass. 12 juillet 1836 (S. 36, 1, 658) ; — et même pour obtenir des dommages et intérêts, cass. 24 août 1836, (S. 37, 1, 359.) — *V.* aussi, en ce sens, Caen, 31 décembre 1829. (D. 30, 2, 283). Ce dernier arrêt juge même explicitement qu'on peut, dans ce cas, prendre la voie du référé pour former opposition à la vente. *V.* aussi Bourges, 24 mai 1839 (*Journal de procédure*, art. 1507).

80. — De même les corporations d'officiers ministériels dont les droits seraient lésés (1). C'est ainsi qu'il a été jugé que la compagnie des notaires

---

(1) V. toutefois *supra*, n° 57 et suivants.

a qualité pour attaquer, comme lui portant préjudice, l'ordonnance de nomination d'un commissaire-priseur pour procéder à une vente qui rentre dans les attributions exclusives des notaires. Cass. 11 mai 1837 (S. 37, 1, 709); Paris, 13 juin 1833 (S. 33, 2, 339), et la note où se trouvent rapportés un grand nombre d'arrêts qui ont jugé dans le même sens.

Art. VIII.

Seront passibles des mêmes peines les vendeurs ou officiers publics qui comprendraient sciemment, dans les ventes faites par autorité de justice, sur saisie, après décès, faillite, cessation de commerce, ou dans les autres cas de nécessité prévus par l'art. 2 de la présente loi, des marchandises neuves ne faisant pas partie du fonds ou mobilier mis en vente.

81. — C'est pour faciliter l'exécution de cette disposition, destinée à déjouer la fraude, que l'art. 5 exige qu'à la requête présentée par le commerçant propriétaire au tribunal de commerce, afin d'autorisation de vente aux enchères, il soit *joint un état détaillé des marchandises*. Toute mar-

chandise mise en vente et qui n'y sera pas contenue, constituera une contravention à l'art 7. V. au surplus ce qui a été dit sur l'article qui précède, et dont celui-ci n'est que le corollaire.

Art. IX.

Dans tous les cas ci-dessus, où les ventes publiques seront faites par le ministère de courtiers, ils se conformeront aux lois qui les régissent, tant pour les formes de vente que pour les droits de courtage.

82. — Cet article renvoie tout à la fois, et à la loi du 22 pluviôse an VII, qui prescrit les formalités pour les ventes d'effets mobiliers (*Appendice*, IV), au décret du 17 avril 1812 (art. 11, 12 et 13), et à l'ordonnance du 9 avril 1819 (*eod. loc.*, VII, VIII et XIII), qui déterminent quelques formes spéciales aux courtiers, et confient aux tribunaux de commerce, tant la fixation du droit de courtage (1) que le jugement des contestations qui peuvent s'élever à cet égard.

(1) Ce droit est en général de demi pour cent pour le vendeur, et d'autant pour l'acheteur (V. *Appendice*, no XIV, en note).

Ils demeurent, aux termes de l'art. 11 de la loi du 16 juin 1824, obligés à tenir des répertoires, pour mentionner les ventes, dans la même forme que ceux des notaires (V. d'ailleurs Pardessus, *Droit commercial*, t. 1, nº 131 ; Mollot, *des Bourses de commerce, agents de change et courtiers*, nºˢ 533 et suivants).

Art. X et dernier.

Dans les lieux où il n'y aura point de courtiers de commerce, les commissaires-priseurs, les notaires, huissiers et greffiers de justice de paix, feront les ventes ci-dessus, selon les droits qui leur sont respectivement attribués par les lois et règlements.

Ils seront, pour lesdites ventes, soumis aux formes, conditions et tarifs imposés aux courtiers.

83. — C'est la confirmation de la jurisprudence existante avant la loi nouvelle (*V. infra*, 2ᵉ part., art. 3, 3º, nº 99).

84. — Des explications furent néanmoins de-

mandées, par M. Delespaul, sur cet article, à l'effet de savoir « s'il était bien entendu que les « ventes en gros de marchandises neuves, faites « par les commissaires-priseurs, etc., dans les « lieux où il n'existe pas de courtiers, participe- « raient à la faveur dont l'art. 74 de la loi du « 15 mai 1818, relative à l'enregistrement, fait « jouir ces sortes de ventes, lorsqu'elles sont opé- « rées par le ministère des courtiers » (V. *supra*, nº 66).

Plusieurs membres l'interrompirent en disant : *C'est entendu!* — et M. le rapporteur ajouta :

« Il est constant que les droits à percevoir sur « ventes se règlent d'après la nature des ventes, « soit qu'elles soient en gros, soit qu'elles soient « en détail, et non d'après la qualité des officiers « qui y procèdent. Puisque, d'après les cas cités « par l'honorable M. Delespaul, les commissaires- « priseurs ne font que remplacer les courtiers pour « les ventes qui sont qualifiées *ventes en gros*, il y « aura lieu de percevoir les droits établis sur les « ventes en gros. »

Enfin M. le président Sauzet reprit, en mettant l'article aux voix :

« Au surplus, cette explication se trouve conte-
« nue d'une manière implicite, mais évidente,
« dans la rédaction même de l'article» (*Moniteur* du
9 avril 1841).

——•••——

SECONDE PARTIE.

EXPOSÉ

DE LA JURISPRUDENCE

RELATIVE AUX ATTRIBUTIONS DES OFFICIERS MINISTÉRIELS VENDEURS DE MEUBLES.

Art. 1er.

Qui peut procéder aux ventes publiques et prisées de meubles ?

85. — En principe, les ventes publiques de biens meubles ne peuvent avoir lieu que par l'intervention d'officiers ministériels (LL. des 25 juillet 1790, 17 septembre 1793, 12 fructidor an IV, 12 pluviôse an VII, et 28 avril 1816). Cass. 30 messidor an XII et la note (*Nouvelle collection de Sirey-Devilleneuve*).

Ce principe a reçu une extension nouvelle par suite de la loi du 25 juin 1841, qui prohibe même les ventes *à prix fixe proclamé* (art. 1er), lesquelles étaient autrefois permises. Douai, 28 avril 1837 (D. 38, 2, 212); cass. 31 juillet 1840 (S. 40, 1, 727); cass. 3 décembre 1840 (S. 41, 1, 154).

86. — Cependant la jurisprudence est divisée sur la question de savoir si un simple particulier est sans qualité pour procéder aux estimations et prisées de meubles dans un inventaire après décès. Plusieurs cours royales ont décidé que ce droit n'appartient qu'aux officiers ministériels, commissaires-priseurs, notaires, huissiers, greffiers, suivant les distinctions établies par les lois (V. en ce sens Orléans, 24 nov. 1819 (D. A. t. 7, p. 657, n° 2); Bourges, 8 juin 1832 (S. 32, 2, 478); trib. de Lorient, 18 décembre 1834 (D. 35, 3, 33); trib. de Bourbon-Vendée, 6 avril 1835 (*Journal de procédure*, art. 96); Benou. *Code du commissaire-priseur*, t. 1er, p. 300).

Mais l'opinion contraire nous paraît préférable :

« Attendu que l'art. 453 du Code civil dispose « que les père et mère, tant qu'ils ont la jouissance « légale des biens du mineur, sont dispensés de « vendre les meubles, s'ils préfèrent les garder

« pour les remettre en nature, et que, dans ce « cas, ils en feront faire, à leurs frais, une esti- « mation à leur juste valeur par un expert qui sera « nommé par le subrogé tuteur, et prêtera serment « devant le juge de paix.

« Attendu que, l'art. 935 du Code de procédure « civile, au titre de la levée des scellés, confère « de la manière la plus expresse aux intéressés la « faculté de convenir du choix d'un ou deux no- « taires, d'un ou deux commissaires-priseurs ou « *experts*, et ordonne que, dans le cas où les par- « ties auront fait choix d'experts pour l'apprécia- « tion des meubles, ils prêteront serment devant « le juge de paix ;

« Attendu qu'il n'est pas possible d'interpréter « ces dispositions en ce sens, que le subrogé tuteur, « les parties intéressées ou le président du tribunal « appelé à faire le choix des experts, ne pourront « les désigner que dans la classe des officiers mi- « nistériels, qui revendiquent le droit exclusif de « procéder à ces sortes de prisées;

« Que, s'il en était ainsi, on ne conçoit pas pour- « quoi le législateur aurait soumis les officiers pu- « blics, déjà assermentés à raison de toutes leurs « fonctions, à prêter un nouveau serment devant « le juge de paix, toutes les fois qu'ils seraient

« commis en vertu des dispositions desdits ar-
« ticles. »

87. — C'est par ces motifs qu'il a été jugé « que la prisée des meubles du mineur conservés par le père ou la mère, dans le cas de l'art. 453 du Code civil, peut être faite par un expert autre qu'un commissaire-priseur, huissier, notaire ou greffier. Rennes, 14 janv. 1835); Nîmes, 22 février 1837 (S. 37, 2, 179).

88. — Jugé de même, *implicitement*, pour le cas où, aux termes de l'art. 935 du Code de procédure, les parties auraient fait choix d'experts pour l'appréciation des meubles (Nîmes, 22 février 1837, *loc. cit.*).

89. — La Chambre des députés paraît elle-même s'être associée à cette dernière opinion, en passant à l'ordre du jour sur une pétition des huissiers de Beaupreau, qui se plaignaient que de simples particuliers fissent à leur détriment l'estimation ou la prisée des choses mobilières qu'un officier public inventorie. Le rapporteur de cette pétition, M. Gillon, s'exprimait ainsi, à la séance du 1er mars 1834 :

« Il est vrai que l'arrêté du gouvernement du
« 12 fructidor an IV avait défendu au simple par-

« ticulier de s'immiscer dans l'office d'estimateur ;
« mais on ne tarda pas à reconnaître quelle gêne,
« quelle dépense résultaient de cette étrange prohi-
« bition, sans qu'on eût acquis en retour de meil-
« leures garanties pour des estimations exactes et
« fidèles : c'est ce qui détermina à permetre, par
« l'art. 935 du Code de procédure, de choisir toute
« personne dépourvue d'un caractère public pour
« procéder aux évaluations qui accompagnent les
« inventaires. Cette liberté n'a pas été détruite
« par l'art. 89 de la loi du 28 avril 1816..., et encore
« moins par l'ordonnance du 26 juin, même an-
« née. Cette loi et cette ordonnance n'ont eu qu'un
« seul but, celui de régler les attributions des
« commissaires-priseurs qu'elles créaient, à l'égard
« des notaires et des huissiers; mais elles n'ont
« aucune relation à l'art. 935, en ce qui concerne
« la faculté de prendre pour estimateur toute per-
« sonne en qui on a confiance. »

90. — Quelque opinion qu'on ait sur la question qui vient d'être examinée, il est incontestable que, dans les lieux où il n'y a pas de commissaires-priseurs, le notaire chargé de procéder à un inventaire peut, pour la prisée des meubles, et du consentement des parties, requérir l'assistance

d'un expert, auquel il fait prêter serment. » Dans ce cas, le tiers est seulement appelé à donner de simples renseignements d'après lesquels le notaire lui-même fait les prisées et estimations. Cass. 19 décembre 1838; Douai, 26 août 1835; Orléans, 22 août 1837 (*Journal de procédure* de Bioche, art. 1475, 352 et 1012; S., 37, 2, 410).

Cette solution est fondée sur ce que le notaire qui procède à un inventaire peut en même temps faire lui-même la prisée des meubles qu'il inventorie, pourvu qu'il ait reçu à cet effet mission expresse des intéressés. Ce cumul de fonctions offre l'avantage d'épargner des frais aux parties, en simplifiant les formes de l'inventaire (V. en ce sens Rolland de Villargues, *Rép. du notariat;* v° *Prisée*, n° 36; *Journal des notaires*, art. 8853; et en sens contraire, Longchampt; v° *Commissaire-priseur*, n° 83).

Art. II.

Des officiers ministériels spécialement investis par la loi du droit de procéder aux ventes publiques de meubles.

91. — Les officiers publics qui, selon les divers

cas, peuvent être chargés des ventes publiques de meubles, volontaires ou forcées, sont les notaires, les huissiers et les greffiers de justice de paix (Loi du 17 septembre 1793, art. 1er; Décr. du 14 juin 1813); les commissaires-priseurs (Lois des 27 ventôse an IX et 28 avril 1816, art. 1er et 89) (1), les courtiers de commerce (*Code de commerce*, art. 486; Décr. des 22 novembre 1811, 17 avril 1812, et ord. du 9 avril 1819. V. *Appendice*).

92. — Du principe que les ventes publiques ne peuvent avoir lieu que par l'entremise des officiers publics investis par la loi du droit de procéder aux ventes de meubles, il suit que ceux-ci ne peuvent refuser leur ministère quand ils en sont requis; autrement il dépendrait d'eux d'entraver la marche des affaires.

Jugé, par conséquent, que :

1° Les officiers publics (et par exemple, les commissaires-priseurs) auxquels la loi attribue le droit exclusif de procéder à de certaines ventes ne

---

(1) Ces quatre classes d'officiers ministériels ont la concurrence dans les limites du territoire pour lequel ils sont assermentés, sauf ce qui est dit *infra*, no 90 et suivants. V. *Appendice*, V et X.

peuvent refuser leur ministère à ceux qui le réclament. Poitiers, 5 janvier 1832 (S. 32, 2, 450).

2° La clause, au cas de vente aux enchères publiques d'objets mobiliers, que les acquéreurs payeront en sus de l'enchère un 10e du prix, pour les frais de vente, n'a rien de contraire aux lois. Les commissaires-priseurs ne peuvent donc, à raison de cette clause, refuser leur ministère. « Par l'insertion de cette clause, dans les journaux, par des placards affichés dans les lieux de la vente, par la lecture que le commissaire-priseur doit donner de cette clause au public, les acquéreurs ne peuvent méconnaître son existence, et les 10 cent. ajoutés au prix de l'enchère sont un accessoire du prix, qui peut être exigé comme le prix lui-même. » Lyon, 21 novembre 1832 (S. 33, 2, 153).

Art. III.

Distinctions relatives à leur compétence.

93.—1° *Greffiers et huissiers.*—Le droit de procéder aux ventes, n'appartenant qu'aux officiers nommés par le roi, ne s'étend pas aux greffiers des tribunaux de simple police établis par l'art. 168 du Code d'instruction criminelle. Décis. du minist.

de la justice, 8 janvier 1812 (S. 12, 2, 144); Rolland-Trouillet, *Dictionnaire de l'enregistrement*, v° *Vente de meubles*, n° 12).

94. — Les greffiers de justice de paix ont le droit de procéder aux ventes publiques et à l'encan d'objets mobiliers, concurremment avec les huissiers et notaires, dans les lieux où il n'existe pas de commissaires-priseurs (LL. des 26 juillet 1790 et 17 septembre 1793; art. 946 et 986 du Code de procédure). Rouen, 20 mars 1807; D. v° *Vente et échange*, ch. 3, sect. 2); Bordeaux, 6 août 1835 (S. 36, 2, 60).

95. — Il n'y a même aucune distinction à faire entre les ventes volontaires et les ventes judiciaires. Les huissiers ne peuvent se prévaloir d'un privilége exclusif pour ces dernières. En effet, il a été jugé que :

Les notaires, ainsi que les greffiers, ont le droit de procéder aux ventes, même *judiciaires*, d'objets mobiliers, concurremment avec les huissiers, tant dans le lieu de leur résidence que dans les autres localités. Grenoble, 5 déc. 1839 (S 40, 2, 223) (1).

---

(1) V. en ce sens Merlin, *Répertoire de jurisprudence*;

96. — 2° Les *commissaires-priseurs* ont le droit *exclusif* de procéder aux ventes de meubles *dans le chef-lieu de leur établissement* (art. précité, n° 91).

Mais ce droit exclusif ne s'étend pas *au delà* du chef-lieu de leur établissement, par exemple, à une commune située hors de l'enceinte et du faubourg d'une ville, et ayant une administration municipale particulière et distincte de cette ville. Rouen, 17 mai 1817; Dalloz, v° *Vente et échange*, ch. 3, sect. 2, en note).

Jugé de même relativement à une agglomération d'habitations, rues, places ou édifices, limitrophes de la ville du Mans, mais situés en la commune et sous la municipalité de La-Croix-le-Mans, qui est distincte de celle du Mans. Angers, 28 janv. 1841 (D. 41, 2, 70).

97. — Cependant il a été décidé que les commissaires-priseurs de la ville de Lyon ont le droit exclusif de procéder aux ventes publiques de meubles, non-seulement dans l'étendue du territoire

---

V. *Vente*, § 8, art. 2, n° 5; Rolland de Villargues, *Répert. du notariat*; v° *Vente de meubles*, n° 35; Carré, *Lois de la procédure*, t. 3, p. 325; Pigeau, *Procédure civile*, t. 2, p. 169; *Dictionnaire du notariat*; v° *Vente de meubles*, n° 21.

de la mairie de Lyon, mais encore dans l'étendue du territoire des mairies de la Guillotière, de la Croix-Rousse et de Vaise : « Attendu que ces com-« munes forment avec Lyon une *seule agglomération* « *d'édifices et de population* ; et que si le *centre* de « la ville a été resserré dans des murs, cette me-« sure n'a été commandée que par l'existence de « plusieurs municipalités dont les ressources finan-« cières sont nécessairement distinctes ; que la « circonscription des six justices de paix se compose « uniquement de la ville *proprement dite* et de ses « *faubourgs*, dans la détermination desquels entrent « la *Croix-Rousse*, la *Guillotière* et *Vaise* ; qu'enfin « la ville de Lyon étant le *chef-lieu* de l'établisse-« ment des six commissaires-priseurs, les faubourgs « qui constituent cette ville en font *partie inté-* « *grante*. » Cass., 22 mars 1832 (S. 32, 1, 332 ; D. 32, 1, 132) V. aussi Benou, *Code du commissaire-priseur*, p. 20) (1).

---

(1) Cette décision, et celle qui la précède, ne présentent aucune contradiction. Celle-ci juge que certaines habitations limitrophes font partie du chef-lieu d'établissement ; celle-là, que d'autres habitations, quoique fort rapprochées, n'en font pas partie. Ni l'une ni l'autre ne statue d'une manière générale que les faubourgs font ou non partie du chef-lieu d'établissement. C'est là une pure question d'appréciation de

98. — Il résulte encore de cette décision, qu'en l'absence d'une loi précise qui donne une définition spéciale du *chef-lieu de l'établissement* des commissaires-priseurs, les Cours royales peuvent s'étayer de tous les documents qui leur sont offerts, pour juger, *en fait*, si telle ou telle localité fait partie du chef-lieu d'établissement d'un commissaire-priseur, mais que leurs décisions sur ce point, ne pouvant violer aucune loi, sont à l'abri de la censure de la Cour de cassation.

99. — 3° Les *courtiers de commerce* ont, dans les villes où ils existent, le droit *exclusif* de procéder aux ventes en gros de marchandises neuves, conformément aux décrets de 1811 et 1812, et à l'ordonnance de 1819 (*Appendice*, VII, VIII et XIII). Ce n'est qu'à leur défaut que les commissaires-priseurs et autres officiers ministériels sont admis par la loi à procéder à ces sortes de ventes, mais à la charge encore de remplir les formalités prescrites aux courtiers de commerce par les décrets précités (voy. en ce sens Cass., 24 août 1836 (S. 37, 1, 359); Cass., 13 févr.

---

faits. V. d'ailleurs l'art. 1er de l'*Ordonnance* du 26 juin 1816, *Appendice*, § X.

1838 (S. 38, 1, 110 ; Paris, 6 juillet 1838 (S. 38, 2, 295) ; et toutefois, en sens contraire, Poitiers, 6 janvier 1832 (S. 32, 2, 250).

Le droit *exclusif* des courtiers de commerce a reçu de la loi du 25 juin 1841 une confirmation nouvelle. En effet, l'art. 10 de cette loi dispose que ce n'est que *dans les lieux où il n'y aura pas de courtiers de commerce* que les commissaires-priseurs, huissiers et greffiers... doivent procéder aux ventes en gros de marchandises.

100. — Il n'y a plus de doute, d'ailleurs, sur les formes, conditions et tarifs des ventes ainsi faites ; ils sont les mêmes que lorsque ce sont les courtiers qui y procèdent : c'est le deuxième alinéa du même article.

101. — Mais les courtiers de commerce n'ont qualité pour procéder aux ventes de marchandises neuves aux enchères que *dans les limites de la commune où se trouve la Bourse* à laquelle ils sont attachés. Rouen, 4 mai 1839 (S. 39, 2, 343) ; voy. aussi *Analogue*, dans le même sens ; Cass., 14 août 1818 (S. 18, 1, 321) ; et Pardessus, *Droit commercial*, t. 1, n° 125.

Cette solution résulte : 1° des termes de l'ordonnance du 9 avril 1819, qui donnent bien aux courtiers le droit de procéder à ces ventes hors la Bourse, mais non hors la ville où il existe une Bourse ; 2° de ce que les courtiers sont placés sous la surveillance des maires (arrêtés des 29 germinal an IX, art. 17, et 27 prairial an X, art. 2), ce qui indique que c'est là une institution essentiellement municipale, dont les membres ne sauraient exercer leurs fonctions hors des limites de la circonscription communale.

102. — 4° Enfin la vente des *meubles appartenant à l'État* peut, malgré les règles générales établies pour les ventes publiques, avoir lieu aux enchères par les préposés de certaines administrations.

Le contraire avait été jugé par la Cour royale de Paris le 6 février 1830 (S. 30, 2, 74) ; mais son arrêt a été cassé par la Cour suprême, laquelle a décidé que : le privilége conféré aux commissaires-priseurs de procéder à la vente publique et aux enchères d'effets mobiliers ne s'étend pas à la vente du *mobilier de l'État* ; la régie peut faire vendre ce mobilier par ses préposés, sans assistance d'un commissaire-priseur : la disposition de l'art. 3 de l'arrêté du 23 nivôse an VI (*Appendice*, III), qui lui accorde cette faculté, n'a été abrogée ni par la loi du 22 pluv.

an VII, ni par celle du 27 nivôse an IX. Cass., 7 mai 1832 (S. 32, 1, 325; V. aussi Orléans, 20 juin 1833 (S. 33, 2, 445). Cette Cour ayant été saisie de la même question, par suite du renvoi, s'est elle-même rangée à la doctrine de la Cour de cassation, qui est aussi celle de M. Favard de Langlade, vº *Commissaires-priseurs*, § 7 (1).

103. — Les préposés des domaines sont encore compétents, à l'exclusion de tous les autres, pour vendre aux enchères les effets mobiliers déposés aux greffes à l'occasion des procès civils ou criminels. Ordonn. des 22 février 1829, 9 juin 1831; *Journal des notaires*, art. 179.

104. — Toutefois les commissaires-priseurs ont, dans le chef-lieu de leur établissement, le droit de procéder aux ventes mobilières par suite de saisie pour contributions directes, à l'exclusion de tous les autres officiers ministériels, et même des porteurs de contraintes. Avis du Conseil d'État du 18 août 1818; Favard de Langlade, *Répert. de législ.*, vº *Commissaires-priseurs*, § 8; art. 31, loi du 23 juillet 1820.

---

(1) V. cependant, en sens contraire, Benou, *Code du commissaire-priseur*, tom. 1, p. 201.

Art. IV.

Vente publique de marchandises dépendant d'une succession bénéficiaire échue à des mineurs.

105. — La question de savoir si cette espèce de vente peut être faite par les courtiers de commerce lorsque ces marchandises sont comprises aux tableaux dressés en vertu des décret et ordonnance (*Appendice*, VIII, XII et XIV), a été décidée dans le sens de l'affirmative par la Cour royale de Rouen, le 29 août 1838 (S. 39, 2, 65) :

« Attendu... (ici sont énumérés les actes législatifs « qui règlent les attributions des courtiers)... que, d'a- « près le décret du 22 novembre 1811, les courtiers ont « été investis du droit de faire, *dans tous les cas...*, « les ventes publiques de marchandises à la Bourse et « aux enchères... ; qu'il importe peu que les marchan- « dises dont il s'agit au procès fassent partie d'une suc- « cession acceptée sous bénéfice d'inventaire au nom de « mineurs ; que c'est l'objet et non la nature de la vente « que le législateur a eu en vue, pour ne pas contra- « rier les opérations du commerce de détail ; que la « législation spéciale ci-dessus rapportée a d'ailleurs « pourvu à toutes les garanties qui peuvent assurer

« aux propriétaires des marchandises les recouvrements « des prix de vente qui seraient dus par les acheteurs ; « que l'augmentation, tirée de quelques dispositions du « *Code civil* et du *Code de procédure*, n'est pas con- « cluante ; que les objections présentées à cet égard, « quelque graves qu'elles soient, ne peuvent produire « l'effet de paralyser le pouvoir expressément con- « féré aux courtiers par une législation postérieure ; « que c'est moins aux règles du droit commun qu'il « faut recourir pour constater les attributions des offi- « ciers publics, qu'aux lois spéciales qui ont pour objet « d'en déterminer la nature et l'étendue, etc.

106. — Mais cette décision a été l'objet d'une critique très-vive de la part de plusieurs jurisconsultes. M. Devilleneuve, dans une note fort étendue, publiée sous l'arrêt dont il vient d'être extrait quelques passages, a soutenu que les dispositions du Code civil et du Code de procédure forment, à moins de dérogation expresse, le droit commun en matière de succession bénéficiaire, peu importe que le défunt ait été commerçant ou non. Or, quelles sont ces dispositions ? Elles sont contenues dans les articles 805 du Code civil, et 989 du Code de procédure, qui attribuent aux *tribunaux civils* la connaissance exclusive des difficultés auxquelles la vente peut donner

lieu : d'où il faut conclure que les *officiers publics* dont parlent les deux articles précités sont ceux qui se trouvent placés sous la surveillance des tribunaux civils, c'est-à-dire les *commissaires-priseurs* et les *huissiers*.

M. Devilleneuve ajoute que la législation spéciale n'a apporté aucune modification au droit commun, et qu'en particulier les mots, *dans tous les cas*, insérés dans le décret de 1811, doivent être restreints aux cas où il s'agirait de ventes purement commerciales : en effet, les courtiers n'ont été institués que pour faciliter les transactions commerciales ; et les ventes de marchandises dépendant d'une succession bénéficiaire n'ont point ce caractère.

107. — M. Bioche, *Journal de procédure*, article 1366, et le *Mémorial du notariat*, art. 5094, attaquent également, par des raisons semblables, la décision de la Cour de Rouen. Enfin M. Benou s'était précédemment élevé contre une décision analogue, qu'il cite sans en rapporter ni la date ni la source (*Code du commissaire-priseur*, p. 36).

108. — Néanmoins nous croyons devoir adhérer à la décision de la Cour de Rouen, qui nous paraît mieux fondée en droit. Il est à remarquer

d'abord que tous les articles du Code civil et du Code de procédure qui sont invoqués contre cet arrêt s'expriment en termes généraux relativement aux ventes de meubles, et que le législateur semble avoir employé à dessein une forme un peu vague, afin que les modifications dont l'avenir démontrerait la nécessité dans les formalités des ventes publiques pussent s'effectuer sans contrarier les textes des lois générales.

Ces prévisions ont été remplies : des lois spéciales ont investi les courtiers du droit de procéder aux ventes de marchandises, et les termes de ces lois sont tellement absolus, qu'il n'est pas possible d'en restreindre la portée. L'extension successive et réfléchie des attributions du courtier, l'emploi des mots, *dans tous les cas*, répétés à intervalle, dans les deux décrets de 1811 et 1812, témoignent, suivant nous, que l'intention du législateur a été qu'il n'y eût désormais aucune exception aux attributions des courtiers, que ces attributions s'étendissent à toutes espèces de ventes en gros de marchandises désignées aux tableaux, en quelques circonstances qu'elles eussent lieu.

Dira-t-on, comme M. Devilleneuve, que quelques-unes de ces conditions, par exemple, la fixation du *minimum* et du *maximum* de la valeur des lots, la défense de vendre des articles pièce à pièce ou en lots, à la portée immédiate du consommateur (ord. de 1819), sont inconciliables avec l'intérêt des mineurs? Qui d'abord peut mieux connaître ou apprécier cet intérêt, que le tuteur, à la requête de qui la vente doit avoir lieu? N'est-il pas certain que s'il y a préjudice pour eux, il n'emploiera pas ce mode de vente; et n'arrive-t-il pas, au contraire, tous les jours qu'il est plus avantageux de se défaire de certaines marchandises en gros qu'en détail, surtout lorsqu'il faut liquider à un moment donné, et que les marchandises sont sujettes à dépérissement? Le tribunal de commerce doit d'ailleurs, aux termes du décret de 1811, autoriser la vente par le ministère des courtiers. Or, il est évident qu'auparavant, il recueillera les observations de tous ceux qui sont intéressés à la vente, et ne l'autorisera qu'autant qu'elle ne lui paraîtra léser aucun intérêt. Faut-il dédaigner, d'autre part, cette réduction de trois-quarts pour cent du droit d'enregistrement, dont les mineurs profiteront, comme d'un premier bénéfice, au moyen de la vente en gros par le ministère des courtiers (art. 74, loi du 15 mai 1818)? Est-ce enfin rendre la condition des mineurs si mauvaise, que de laisser leur tuteur juge du mode de vente qui lui paraîtra le plus avantageux, et même de recourir au ministère des courtiers, qui d'ailleurs n'est point interdit aux créanciers d'une faillite, dont la position n'est pas moins favorable (Code de commerce, 486; art. 4, loi du 25 juin 1841)?

Est-il impossible d'admettre, ainsi que le soutient encore M. Devilleneuve, qu'il faille faire deux parts dans le mobilier de la succession bénéficiaire, de telle sorte que l'une, composée des marchandises comprises dans les tableaux, soit vendue par les courtiers, et en gros, tandis que l'autre, formée du surplus du mobilier et des marchandises, le sera par les *commissaires-priseurs* ou *huissiers*, et en détail? Nullement; et la preuve, c'est que l'art. 4 de la loi du 25 juin 1841 consacre cette distinction, au cas de faillite, par interprétation de l'art. 486 du Code de commerce. V. *supra* 1re partie; nos 36 et suiv.

Que penser de cette objection, qui consiste à soutenir que les attributions des courtiers ne s'appliquent qu'aux ventes commerciales, c'est-à-dire qui peuvent être considérées comme *faits de commerce*, comme *spéculation de marchand à marchand*, et qu'en conséquence ces attributions ne sauraient comprendre les ventes de marchandises dépendant de succession bénéficiaire, lesquelles constituent des actes d'administration? Cet argument ne prouve rien; car il pourrait s'appliquer à toutes les ventes qui ont lieu par le ministère des courtiers, et qui leur sont dévolues sans contestation, telles que les ventes par suite de cessation de commerce ou autre cas de nécessité. Il est clair, en effet, que le marchand qui, dans ces différents cas, vend ses marchandises aux enchères, ne fait point acte de spéculation; il liquide aussi son actif, administre sa fortune, tout comme le mineur qui réalise les marchandises dont il hérite. Cet argument est, de plus, fondé sur une erreur, car de la part de celui qui est forcé de vendre aux enchères publiques, la vente est toujours un acte d'administration, jamais un acte de spéculation. Cela est tellement vrai, que c'est la spéculation même que la loi du 25 juin a voulu proscrire, en interdisant les ventes aux enchères de marchandises neuves, excepté dans les cas de nécessité. Que si l'on entend par *ventes commerciales*, celles qui ne sont accessibles qu'aux commerçants ou marchands, et se trouvent hors de la portée immédiate des particuliers, l'expression est exacte, mais elle n'est plus que le synonyme de *ventes en gros*, et dès lors l'objection manque de base, puisque les courtiers ne réclament pas autre chose, et que le cas de succession acceptée sous bénéfice d'inventaire n'est pas excepté de leurs attributions.

M. Devilleneuve présente une autre objection : elle est tirée de l'art. 2 du décret de 1812, qui confère aux tribunaux de commerce dans les villes autres que Paris le droit de dresser « un état des marchandises dont il pourrait être nécessaire, *dans certaines circonstances*, d'autoriser la vente par le ministère des courtiers, etc. » De cet article, il conclut que les attributions des courtiers sont exceptionnelles en matière de ventes en gros de marchandises. Sans doute, mais en ce sens seulement que les marchandises non portées en l'état ne pourront être vendues par les courtiers. Cela ne veut dire, en aucune façon, qu'au cas où elles s'y trouveront, les officiers ministériels cités au Code de procédure devront être employés à l'exclusion des courtiers, si les marchandises à vendre dépendent d'une succession acceptée sous bénéfice d'inventaire. Il n'y a donc rien à induire de la restriction invoquée : ce serait argumenter d'un cas à un autre, sans même qu'il y eût analogie.

L'exception admise par MM. Devilleneuve et Bioche serait d'ailleurs insuffisante. Ne faudrait-il pas qu'ils fissent une autre distinction pour le cas de faillite déclarée après décès, et précédée ou suivie d'acceptation bénéficiaire? Qui l'emporterait ici? Les règles admises en cas de faillite ne devraient-elles pas, dans un cas, absorber celles qui seraient adoptées au cas de succession bénéficiaire? dans l'autre cas, celles-ci ne devraient-elles pas être suivies seules? Ainsi, de distinction en distinction, ces jurisconsultes arriveraient bientôt à neutraliser en partie l'effet des lois spéciales, qui sont claires et précises.

Ajoutons, en terminant, que la rédaction de la loi du 25 juin 1841 paraît elle-même favorable à la doctrine de la Cour de Rouen. Cette loi décide, art. 3, que les attributions et formes réglées par les art. 625 et 945 du Code de procédure ne concernent que les ventes *en détail* de marchandises *après décès*.

De là il faut conclure, suivant nous, que les ventes en *gros*, dans la même circonstance, doivent (qu'il y ait ou non acceptation bénéficiaire, la loi ne fait pas de distinction) être régies par l'art. 6 de cette loi, et continuer d'être faites par le ministère des courtiers, suivant les conditions déterminées par les lois et ordonnances.

La décision de la Cour de Rouen nous paraît donc suffisamment motivée, et conforme autant à la lettre qu'à l'esprit des lois spéciales.

Art. V.

Des ventes publiques à terme d'objets mobiliers.

109. — Plusieurs arrêts de Cours royales avaient préjugé dans le sens de la négative la question de savoir si les commissaires-priseurs, huissiers et greffiers peuvent procéder aux ventes *publiques de meubles à terme :* de cette manière, elles avaient réservé aux notaires le droit exclusif de faire ces sortes de ventes. V. en ce sens, Paris, 16 mars 1826; Colmar, 30 janvier 1827. (S. 27, 2, 51-154); Paris, 16 mai 1829 (S. 29, 2, 153); Colmar, 27 mars 1837. (S. 37, 2, 372). Mais la Cour de cassation a décidé la question *inter minis*, par un arrêt récent, en date du 8 mars 1837 (S. 37, 1, 180). Il en résulte que les ventes publiques de meubles *à terme* sont soumises aux mêmes règles que les *ventes de meubles au comptant*, en ce qui concerne les attributions des officiers ministériels, vendeurs de meubles (art. 1er, L. du 21 ventôse an IX; art. 89, L. du 28 avril 1816); qu'ainsi :

Les commissaires-priseurs ont, dans le chef-lieu

de leur établissement, le droit exclusif de procéder aux ventes publiques de meubles, alors même qu'elles sont faites *avec stipulation de terme* pour le payement. Cass. 8 mars 1837, *eod. loc.* V. aussi, dans le même sens, Nancy, 20 décembre 1833 (D. 34, 2, 234) (1).

Les motifs de l'arrêt de la Cour suprême du 8 mars 1837 sont ceux-ci :

« Attendu qu'en matière de ventes volontaires de meubles, d'après les lois du 27 ventôse an IX, et du 28 avril 1816, les commissaires-priseurs ont seuls le droit de vendre les meubles aux enchères publiques; que ce droit leur est attribué dans le chef-lieu de leur établissement, à l'exclusion de tous officiers ministériels ou autres; qu'ainsi les notaires ne peuvent, dans lesdits lieux, procéder concurremment avec les commissaires-priseurs à ces sortes de ventes, ni s'en attribuer le droit contre la disposition prohibitive de la loi, au moyen de la stipulation d'un crédit quelconque accordé aux adjudicataires; attendu que les lois de l'an IX et de 1816 ne prohibent point aux commissaires-priseurs d'accorder aux adjudicataires crédit et délai

(1) V. dans le même sens Benou, *Code du commissaire-priseur*, t. 1, p. 166 et suivantes.

pour le payement; qu'une telle prohibition, qui n'aurait pu être établie que dans l'intérêt du vendeur, n'aurait eu d'autre effet que de rendre les commissaires-priseurs responsables envers le vendeur, et que tout ce qui aurait été fait, au contraire, n'aurait pu profiter aux notaires ou autres officiers publics qui, dans aucun cas, ne peuvent, dans le lieu de l'établissement des commissaires-priseurs, faire des ventes publiques de meubles, soit au comptant, soit à crédit; qu'en cet état, il est évident que ces sortes de ventes, qui, seules, en grand nombre de cas et lieux, peuvent porter à leur juste valeur les objets qui sont à vendre, peuvent avoir lieu par le ministère des commissaires-priseurs, par la volonté de l'acheteur, et sous la responsabilité de l'officier public, qui peuvent bien, à leurs risques et périls, suivre la foi des adjudicataires, en se conformant à un usage presque universel, et qui ne paraît avoir engendré aucun notable inconvénient; que cette manière de procéder ne porte aucune atteinte aux droits qu'ont les seuls notaires, de donner force exécutoire aux conventions des parties. » Rejette.

110. — Cette décision se trouvait en quelque sorte préparée par l'arrêt suivant, qui, *tout en jugeant* que « les commissaires-priseurs ne peuvent vendre qu'*au comptant*, statue néanmoins que s'ils procèdent à une vente *à terme*, il n'appartient

qu'aux parties de s'en plaindre. Les notaires n'ont point d'action pour faire réprimer de telles ventes consommées. Vainement ils diraient que, par les ventes à terme, les commissaires-priseurs empiètent sur leurs attributions » (L. 27 ventôse an IX; L. 28 avril 1816); Paris, 26 avril 1830 (S. 30, 2, 235) (1).

ART. VI.

Des difficultés nées des applications diverses des mots *meubles*, *effets mobiliers*.

111. — Le mot *meubles* comprend également les meubles corporels, et les meubles *incorporels*, tels qu'un brevet d'invention, un fonds de commerce, etc.

Il peut s'appliquer aussi tout à la fois aux objets actuellement susceptibles d'être transportés d'un lieu dans un autre, et aux choses qui, quoique immobilières au moment de la vente, sont vendues pour être détachées ou extraites du sol, telles que les récoltes sur pied, coupes de bois, minerais, etc.

---

(1) V. aussi en ce sens l'*Exposé de motifs* de M. Teste (*Monit.* du 6 février 1840, art. 7).

De là deux difficultés :

Les officiers publics investis du droit de vendre les meubles corporels aux enchères publiques sont-ils également compétents pour procéder à la vente des meubles *incorporels?*

Les mêmes officiers ont-ils, dans leurs attributions, l'aptitude nécessaire pour procéder à la vente publique des *récoltes sur pied*, etc.?

§ 1er. Des ventes publiques de meubles *incorporels*.

112.— Dans l'intérêt des commissaires-priseurs (qui est aussi celui des huissiers et greffiers, dans les lieux où il n'y a pas de commissaires-priseurs), on a dit :

« La loi du 27 ventôse an IX porte : que les prisées de « meubles et les ventes aux enchères d'*effets mobiliers* « qui auront lieu à Paris, seront faites exclusivement « par les commissaires-priseurs. Or, d'après l'art. 535 « du Code civil, l'expression effets mobiliers comprend « généralement tout ce qui est censé meuble, soit par « sa nature, soit par la détermination de la loi. Les « fonds de commerce, comme les meubles incorporels, « ne peuvent donc être vendus aux enchères que par « le ministère des commissaires-priseurs; vainement on

« oppose que la loi du 27 ventôse an IX est antérieure « au Code, et que par conséquent l'art. 535 ne saurait « servir à l'interpréter ; car cet article ne renferme pas « une innovation. Les quatre derniers articles du cha- « pitre, disait M. Goupil de Préfelu, rapporteur au Tri- « bunat, fixent clairement le sens des expressions meu- « bles, etc., en attribuant à chacune d'elles celui qu'on « leur donne dans leur acception commune et la plus « usitée. »

113. — Mais les Cours royales et la Cour de cassation elle-même ont constamment décidé que les commissaires-priseurs n'ont le droit de vendre aux enchères que les meubles qui sont de nature à être *manuellement et immédiatement livrés* à l'acheteur, et que la VENTE DES MEUBLES INCORPORELS EST EXCLUSIVEMENT DÉVOLUE AUX NOTAIRES (1);

---

(1) V. en ce sens Rolland de Villargues, *Répertoire du notariat* ; voy. *Vente de meubles*, nos 14, 15 et 16 ; Merlin, *Répertoire de jurisprudence* ; voy. *Vente*, § 8, art. 3 ; *Exposé de motifs* du projet de loi présenté par M. Teste, le février 1840 (*Monit.* du 6). M. Benou lui-même, *Code du commissaire-priseur*, t. 1er, p. 179, reconnaît qu'il y a jurisprudence établie dans le sens indiqué ci-dessus. Néanmoins, on peut voir *loc. cit.* les arguments qu'il présente à l'appui de l'opinion contraire.

« Attendu, est-il dit dans l'arrêt de Cass. du 23 mars 1836 (S. 36, 1, 161) :

« Que la loi du 27 ventôse an IX (17 mars 1801), portant établissement à Paris des commissaires-priseurs vendeurs de meubles, est antérieure de près de trois ans à la promulgation faite le 25 janvier 1804 du titre 1er, liv. 2 du Code civil, auquel appartient l'art. 535 du même Code ; que conséquemment, les mots *effets mobiliers*, dont la loi de l'an IX s'était servie pour caractériser les attributions légales des commissaires-priseurs, ne doivent pas nécessairement s'interpréter par la définition portée en cet article ;

« Que, dans cet état de la législation, le tribunal de première instance, dont la Cour de Paris a adopté les motifs, a judicieusement estimé que la prétention élevée par les commissaires-priseurs, de vendre aux enchères la clientèle, pratique et achalandage d'établissements industriels ou commerciaux, vulgairement désignée par ces mots : *fonds de commerce*, ne pouvant se justifier par le texte de la loi de leur institution, il fallait, pour déterminer la latitude des attributions qu'elle a entendu leur conférer à cet égard, interroger la législation relative aux huissiers commissaires-priseurs leurs devanciers, et consulter les anciens monuments de la jurisprudence ;

« Qu'il résulte d'un arrêt du parlement de Paris, du 3 décembre 1768, que la vente des fonds de commerce était alors considérée comme placée dans les attributions des notaires, et qu'il est d'autant plus raisonnable de le décider ainsi, que les ventes de cette nature, qui ne sont susceptibles d'aucune transmission manuelle emportant tradition, entraînent le plus souvent la nécessité de conventions accessoires, telles que transports de droits, cessions de biens, stipulations de terme et délai, garanties personnelles, sûretés hypothécaires, toutes conventions dont les commissaires-priseurs ne sauraient être les officiers instrumentaires, et dont, par conséquent, la rédaction en actes authentiques et exécutoires appartient exclusivement aux notaires, par la nature de leur institution ;

« Attendu 2°, que la vente d'un fonds de commerce (objet incorporel), si elle était faite séparément de la vente des objets mobiliers et corporels servant à son exploitation, ne produirait jamais l'utilité que les parties doivent en attendre : d'où il suit la nécessité de vendre simultanément l'un et les autres, parce qu'il y a entre eux une corrélation intime, et une réaction de valeur qui ne permettrait pas de les diviser sans préjudice ; que dans cette occurrence, il est naturel, et même indispensable, d'appliquer le principe de droit, qui veut que l'accessoire suive le sort du principal ; qu'au surplus, la question de savoir lequel, du fonds de commerce ou du mobilier, sera réputé être le principal ou l'accessoire, est une question de pur fait, dont la décision appartiendra soit à l'arbitrage de la partie, soit à l'appréciation des tribunaux... etc. » Rejette.

114. — Toutefois, il résulte, tant de l'arrêt de la Cour de cassation qui vient d'être rappelé, que de la jurisprudence tout entière (V. *infra*, nos 116 et suiv.), deux décisions qu'il importe de remarquer.

La première, c'est que, quand la vente d'un meuble incorporel ne peut être séparée, sans préjudice pour les intéressés, de la vente des meubles corporels ou ustensiles qui en sont l'accessoire, les notaires, qui, dans les villes où il y a des commissaires-priseurs, ne pourraient y procéder séparément, sont néanmoins habiles à y procéder lorsqu'ils font la vente en bloc et en masse, tant du meuble incorporel que de ses accessoires corporels, d'après la règle *accessorium sequitur sortem rei principalis* (1).

La seconde, qui n'est que le corollaire de la première, c'est que, d'après le même principe, les

(1) V. dans le même sens *Cass.*, 27 février 1826 (S. 26, 1, 271) ; Paris, 4 décembre 1823 (S. 24, 2, 771) ; Paris, 15 juin 1833, (S. 33, 2, 339); voy. aussi *Dictionnaire du notariat*, vo *Vente de meubles*, n° 17.

commissaires-priseurs, huissiers et greffiers pourraient, dans les limites de leurs attributions, procéder à la vente de meubles incorporels, s'ils étaient l'accessoire d'un ensemble d'effets mobiliers corporels, et que la vente n'en pût avoir lieu séparément, sans préjudice pour les parties intéressées; tandis que les notaires seraient incompétents pour faire ces sortes de ventes dans les lieux où il y aurait des commissaires-priseurs.

115. — Le point de savoir quel est le principal, et quel est l'accessoire, est d'ailleurs, ainsi que l'arrêt sus relaté le décide, une question de pur fait, dont l'arbitrage appartient aux parties, et l'appréciation aux tribunaux (V. aussi en ce sens, cassation, 27 février 1826, S. 26, 1, 271).

116. — Les principes contenus dans l'arrêt qui précède ont, en outre, été appliqués dans les espèces suivantes :

Il a été décidé que *la vente d'un brevet d'invention, la cession d'un droit à bail* ou de *l'achalandage d'un établissement de commerce*, appartiennent aux notaires, à l'exclusion de tous autres officiers ministériels. Paris, 4 décembre 1823 (S. 24, 2, 77).

Jugé aussi que :

1° Les commissaires-priseurs (la décision serait entièrement la même à l'égard des huissiers et greffiers) n'ont le droit de vendre aux enchères publiques que les meubles qui sont de nature à être *manuellement* et *immédiatement livrés* à l'acheteur, et payés comptant. Ainsi, et spécialement, ils ne peuvent procéder à la *vente d'un fonds de commerce,* non plus que des ustensiles, marchandises et autres effets employés à son exploitation, lesquels en forment un accessoire nécessaire, qui ne pourrait en être séparé sans préjudice pour les parties intéressées. La vente, tant du fonds de commerce que de ces objets, est exclusivement dévolue aux notaires. Paris, 15 juin 1833 (S. 33, 2, 339).

2° Les notaires ont le droit exclusif de procéder à la *vente publique*, et aux enchères, *de l'achalandage d'un établissement de commerce,* ainsi qu'à la vente *en bloc* des outils, ustensiles et autres objets mobiliers affectés à cet établissement de commerce, alors surtout que la vente est *à terme,* et qu'à cette vente se joint la cession du bail des lieux occupés par le vendeur, et la stipulation, soit de sûretés hypothécaires, soit d'un cautionnement. Colmar, 30 janvier 1827 (S. 27, 2, 154).

117. — Il en est de même, spécialement :

1° Au cas de vente aux enchères, *après faillite*, d'un achalandage de voitures publiques et du matériel de cet établissement.

2° Au cas de la vente publique d'un pensionnat, avec la clientèle et les objets mobiliers *dépendant d'une succession où des mineurs étaient intéressés* (ces deux solutions particulières résultent de l'arrêt de la Cour suprême, du 23 mai 1836, dont les principaux considérants ont été ci-dessus rapportés).

118. — *Observation générale*. — Lorsque des commissaires-priseurs, en réclamant le droit exclusif de vendre certains objets mobiliers laissés dans une manufacture, ont d'ailleurs consenti à ce que d'autres objets non saisis, tels qu'un brevet d'invention, le droit à un bail, l'achalandage, etc., soient vendus par un notaire, s'il arrive qu'il soit jugé ensuite que les objets dont la vente est revendiquée ne sont que l'accessoire des autres objets pour lesquels il n'y a pas eu de revendication, e que la vente du tout doit être faite par un notaire les commissaires-priseurs ne sont plus recevables à faire valoir, comme moyen de cassation contre l'arrêt qui le décide ainsi, que cet arrêt viole les

lois qui leur attribuent le droit exclusif de vendre tous les meubles et objets mobiliers; ils sont liés, dans ce cas, par leur propre acquiescement. Cassation, 27 février 1826 (S. 26, 1, 271).

§ II. Des ventes publiques de récoltes sur pied, fruits pendants, bâtiments à démolir, etc.

119. — C'est aux notaires *exclusivement* qu'il appartient de procéder aux ventes publiques de récoltes sur pied, fruits pendants par branches et par racines, et autres objets qui tiennent encore au sol, et sont vendus pour en être détachés. Tant qu'ils sont en cet état, ils sont immeubles comme le sol lui-même, dont ils sont l'accessoire; et les commissaires-priseurs, greffiers et huissiers n'ont le droit de vendre que les objets mobiliers (1). La jurisprudence de la Cour suprême n'a pas varié depuis 1826 sur cette question. De nombreux arrêts, rendus successivement par elle depuis cette époque jusqu'en ces derniers temps, l'ont constam-

(1) V. en ce sens Merlin, *Répert. de Jurisprudence*; v° *Vente*, § 8, art. 3 n° 6; Rolland de Villargues, *Répert. du notariat*. V. *Vente de récolte*, n° 5; Favard de Langlade, *Répert. de législation*, v° *Commissaires-priseurs*, § 4.

ment résolue en faveur des notaires, à l'exclusion de tous les autres officiers ministériels. Quelques Cours royales ont résisté; mais deux arrêts de la Cour de cassation, *chambres réunies*, ont obtenu raison de cette résistance, et la Cour de Paris, qui, par trois arrêts consécutifs, avait donné comme le signal de la résistance, est revenue depuis, en 1838, à la doctrine de la Cour régulatrice.

120. — Voici un extrait de l'arrêt rendu par la Cour de cassation, *chambres réunies*, où se trouvent relatés les motifs de cette doctrine :

« Attendu que les lois des 21 et 26 juillet 1790, « 17 septembre 1793 et le décret du 14 juin 1813, n'au- « torisent les huissiers, concurremment avec les notaires « et greffiers, qu'à faire la vente de meubles et effets « mobiliers. »

« Et attendu que, d'après les définitions qu'en donne « le Code civil, on ne doit entendre par ces mots meu- « bles et effets mobiliers, que les choses qui sont meu- « bles de leur nature ou par la détermination de la loi, « avant la vente ou au moment de la vente, et non « celles qui ne seraient mobilières ou ameublées que « par l'effet de la vente elle-même; — attendu qu'aux « termes de l'art. 520 de ce Code, les récoltes et fruits

« pendants par racines et branches sont déclarés im-
« meubles ; — attendu que si, par l'effet de la saisie-
« brandon, les fruits et récoltes se trouvent rangés
« parmi les choses mobilières qui peuvent être vendues
« par les huissiers, c'est qu'en ce point les dispositions
« spéciales du Code de procédure, considérant ces fruits
« comme immobilisés avant la vente, par l'effet de la
« saisie qui les a frappés ; — mais que, hors ce cas, au-
« cune disposition de la loi ne permet de donner à ces
« fruits et récoltes une autre qualification que celle qui
« résulte des termes formels du Code civil ; — et attendu,
« dès lors, que ces fruits et récoltes ne sauraient être
« rangés parmi les meubles et effets mobiliers ; que,
« par suite, les huissiers, d'après les lois de leur insti-
« tution, ne sont point autorisés à les vendre aux enchè-
« res publiques et au comptant, concurremment avec les
« notaires... » — Casse.

121. — En conséquence, il a été maintes fois décidé que « les huissiers n'ont pas le droit de procéder aux ventes publiques de fruits et récoltes pendants par racines (sauf le cas de saisie-brandon) : ce droit appartient exclusivement aux notaires. Douai, 7 mai 1818 (S. 20, 2, 58) ; cassation, *sections réunies*, 1er juin 1822 (S. 22, 1 308) ; Paris, 3 avril 1832 (D. 32, 2, 67) ; Douai, 25 août 1834 (S. 34, 2, 530) ; cassation, 4 juin 1834

(S. 34, 1, 402); cassation, *sections réunies*, 11 mai 1837 (S. 37, 1, 709); Paris, 1er juin 1838 (D. 38, 2, 137); cassation 28 août 1838 (S. 38, 1, 808).

122. — Jugé de même, en ce qui concerne :

Les fruits et récoltes sur pied, tels que *coupes de bois*, à l'égard des *greffiers de justice de paix* et *huissiers*. Cassation, 18 juillet, 1826 (D. 26, 1, 419); cassation, 5 décembre 1827 (D. 28, 1, 48); cassation, *sections réunies*, 1er juin 1822 (D. 22, 1, 295).

123. — Même décision, relativement aux récoltes et fruits pendants par branches et par racines, non encore recueillis, *bois non abattus, matières à extraire des mines et minières*. Cassation, 10 décembre 1828 (D. 29, 1, 60).

124. — Jugé enfin, d'une manière générale, que c'est aux notaires *exclusivement* qu'il appartient de faire la vente des objets qui, actuellement de nature immobilière, par leur adhérence à des immeubles, sont destinés à être mobilisés, et doivent l'être par l'effet même de la vente, tels que *les récoltes et les fruits pendants par les branches et par les racines, les bois non coupés, les matériaux des*

édifices à démolir, les matières minérales non extraites des mines et des minières. Cassation, *chambres réunies*, 8 juin 1831 (S. 31, 1, 225) (1).

125. — Il est à remarquer, 1° qu'il faut que le notaire fasse la déclaration préalable au bureau

---

(1) V. toutefois, en sens contraire, des arrêts qui viennent d'être rapportés : *Cass.*, 8 mars 1820 (S. 20, 1, 277) ; Rouen, 18 février 1826 (D. 26, 2, 151) ; Paris, 16 mai 1829, 29 février 1832 (D. 33, 2, 107-75) ; Paris, 6 août 1835 (*Journal de procédure*, art. 148) ; Orléans, 8 mars 1833 (S. 33, 2, 470). — M. Benou, *Code du commissaire-priseur*, p. 156 et suivantes, est aussi d'une opinion contraire. Après l'arrêt d'Orléans, de 1833, qui vient d'être relaté, *la question n'est plus douteuse suivant lui*. — « Les récoltes à faire, les fruits pendants par racines..., peuvent être considérés comme meubles, lorsque l'intention du propriétaire est manifeste et ne froisse pas l'intérêt des tiers : *voilà*, dit-il, *la saine interprétation*. » Mais on peut, sans faire injure à M. Benou, commissaire-priseur honorable, considérer son opinion plutôt comme l'expression d'un désir né de sa position, que comme le résultat d'une conviction libre et impartiale. La Cour de cassation a d'ailleurs, depuis cette époque, confirmé sa doctrine par des arrêts si nombreux, et dont la force presque législative est telle, qu'il y aurait témérité et même folie à douter du droit exclusif des notaires, en ce qui concerne ces sortes de ventes. C'est ce que M. Teste, garde des sceaux, exprimait dans l'*exposé de motifs* du projet de loi qu'il présenta, le 5 février 1840 (*Monit.* du 6), en disant de l'arrêt du 4 mai 1837 : « Cet arrêt solennel, rendu sous l'empire de la loi du 1er avril 1837, a fixé *irrévocablement* la jurisprudence, tant qu'une loi nouvelle n'interviendra pas. »

de l'enregistrement, comme en vente de meubles ordinaires (L. 22 pluviôse an VII, art. 1 et 2); 2° que la déclaration doit avoir lieu pour les ventes de récoltes rédigées dans la forme de baux, comme pour les autres ventes d'objets mobiliers (Déc. minist. fin., 29 septembre 1820). (V. en ce sens Rolland de Villargues, *Rép. du notariat*, v° *Vente de récoltes*, n°s 7 et 8).

126. — Toutefois, il a été décidé par la Cour de cassation, que la vente aux enchères des récoltes d'une prairie dans le cours d'une année, lorsqu'elle comprend, indépendamment des foins sur pied, les autres produits à recueillir, tels que regains et dépaissances, constitue un bail et non une vente mobilière, dont la déclaration préalable doive être faite par le notaire au bureau de l'enregistrement. Cassation, 9 février 1837 (S. 37, 1, 114); V. aussi, dans le même sens, *Dictionnaire du notariat*, v° *Vente de récoltes*, n° 18; délibération de la régie, du 16 novembre 1830; *Journal des notaires*, art. 7306.

Art. VII.

Droits des corporations d'officiers vendeurs de meubles les unes à l'égard des autres.

127. — Les chambres de discipline des différentes corporations d'officiers ministériels chargés de procéder aux ventes publiques de meubles, ont incontestablement le droit d'intervenir dans les contestations qui mettent en question les droits d'un ou de plusieurs de leurs membres. Leur intérêt n'est pas douteux.

Aussi a-t-il été décidé que,

1° La compagnie des notaires a droit et qualité pour attaquer, comme lui portant préjudice, l'ordonnance de nomination d'un commissaire-priseur pour procéder à une vente qui rentre dans les attributions exclusives des notaires (Code de procédure, 339). Paris, 15 juin 1833 (S. 33, 2, 339).

2° La chambre de discipline des huissiers est recevable à intervenir dans une contestation où la chambre des notaires conteste à un huissier le droit de procéder à de certaines ventes. Colmar 27 mai 1837 (S. 37, 2, 372) (1).

128. — Toutefois, les juges saisis d'une contestation entre les notaires d'un arrondissement et un huissier, relativement au droit de procéder à de certaines ventes, ne peuvent, bien que la compagnie des huissiers soit intervenue dans l'instance, décider d'une manière générale que les huissiers n'ont pas le droit de faire ces sortes de ventes : ce serait là prononcer en contravention à l'art. 5 du Code civil, par voie de disposition réglementaire. Cassation, *chambres réunies*, 11 mai 1837 (S. 37, 1, 709).

Art. VIII.

Difficultés relatives aux émoluments des commissaires-priseurs.

129. — Il n'y a pas de difficultés en ce qui concerne les émoluments des commissaires-priseurs

(1) V. aussi en ce sens Colmar, 30 janvier 1827 (S. 27, 2, 154). Nombre d'arrêts ont d'ailleurs implicitement admis la même solution.

de Paris. Ces émoluments sont fixés d'une manière précise par la loi du 27 ventôse an IX, art. 6 et 7, qui les a créés (V. *infra*, *Appendice*, V).

130. — Mais il en est autrement de ceux qui sont alloués aux commissaires-priseurs des départements.

« De la législation provisoire établie par la loi du 28 avril 1816 (V. *infra*, *Appendice*, § 9), il résulte que les commissaires-priseurs des départements ne pourraient réclamer qu'une livre par vacation de prisée, et comme ni la loi de 1790, ni celle de 1793 (auxquelles la première renvoie), ne parlent de droit proportionnel sur le prix des ventes, on peut induire de ce silence qu'il ne serait dû à ces officiers, pour ces sortes d'opérations, que de simples vacations sur le même pied que celles des prisées.

« Ce tarif, vraiment dérisoire, n'a jamais été suivi, et l'arbitraire a remplacé la loi. Les tribunaux eux-mêmes, anticipant sur les promesses du législateur, ont accordé aux commissaires-priseurs des émoluments plus en rapport avec l'importance de leur ministère. Un arrêt de Cour royale alloue à ceux de son ressort 5 pour cent sur le produit des ventes. » Aix, 30 juillet 1824 (S. 26, 1, 59).

Ainsi s'exprimait M. Teste, garde des sceaux, dans l'*exposé des motifs* du projet de loi qu'il présenta le 5 février 1840 (*Moniteur* du 6), et dans lequel il proposait un droit uniforme de 6 pour cent pour tous les commissaires-priseurs, sans distinction de résidence.

131. — On peut ajouter que la Cour de Paris, par arrêt du 6 juin 1829 (S. 29, 2, 339), et la Cour de Colmar, par décision du 17 janvier 1831 (S. 32, 2, 38), avaient aussi considéré comme licites les traités faits entre les officiers publics et les parties, pour assurer aux premiers, dans les ventes volontaires, des *droits proportionnels*. Elles se fondaient sur ce que la loi du 17 septembre 1793, en rapportant la partie de l'art. 8 du décret du 21 juillet 1790 relative au *droit fixe*, n'avait pas abrogé la disposition finale, portant : *sans préjudice des conventions particulières qui pourraient modifier ces droits.*

132. — Néanmoins la Cour de cassation a décidé constamment jusqu'à ce jour, que :

Les commissaires-priseurs, dans les villes autres que Paris, ne peuvent percevoir à titre d'honoraires, sur les ventes de meubles, d'autres droits que les droits fixes réglés par la loi du 17 sept. 1793.

Ils ne peuvent exiger les droits proportionnels, attribués exclusivement aux commissaires-priseurs à Paris, par la loi du 27 ventôse an IX, quel que soit d'ailleurs l'usage contraire. Cass., 13 juin 1825 (S. 26, 1, 59).

« Attendu que la loi du 17 septembre 1793 n'autorise en leur faveur qu'un droit fixe de vacations, et ne parle ni d'honoraires, ni de traité entre les commissaires et les parties, comme le faisait la loi du 26 juillet 1790. » Cass., 24 juin 1833 (S. 33, 1, 692) (1).

133. — La Cour suprême a jugé également,

Qu'il y a empiétement sur le pouvoir législatif, et contravention aux lois sur la taxe des frais dus aux commissaires-priseurs, dans le règlement que fait un tribunal, tant pour le présent que pour l'avenir, des droits à payer aux commissaires-priseurs à l'occasion des prisées et ventes de meubles faites ou à faire par eux. L'art. 31 de la loi du 20 juillet 1820, portant que les vacations des

---

(1) Cet arrêt décide en outre directement qu'aucune partie des honoraires perçus sous le nom de *droits propornels* ne doit être mise dans la bourse commune, attendu qu'ils ne sont pas légalement perçus.

commissaires-priseurs seront *taxées* par les tribunaux, ne doit s'entendre que d'une *taxe particulière*; chaque fois qu'il y a lieu, d'après les tarifs existants, et non d'un *règlement général*. Cass., 13 mai 1829 (S. 29, 1, 230).

134. — M. Benou, *Code du commissaire-priseur*, t. 1, p. 516, est d'avis cependant que le commissaire-priseur établi ailleurs qu'à Paris, qui réglerait ses droits et honoraires sur les art. 38, 39, 41 et 42 du tarif du 16 février 1807, serait à l'abri de toute censure. Il est juste, suivant lui, que les commissaires-priseurs ne reçoivent pas une indemnité inférieure à celle qui est allouée par ces articles aux notaires, greffiers et huissiers (V. *supra*, n° 130).

APPENDICE.

DISPOSITIONS PRINCIPALES

DES LOIS, DÉCRETS ET ORDONNANCES

CITÉS DANS CET OUVRAGE.

I.

Décret du 17 *septembre* 1793.

La Convention nationale... décrète ce qui suit :

Art. 1er. Les notaires, greffiers et huissiers sont autorisés à faire les prisées et ventes de meubles dans toute l'étendue de la République.

(L'art. 2 supprime les corporations existantes d'officiers ministériels vendeurs de meubles.)

Art. 3. Il ne pourra être perçu, *à Paris*, par lesdits officiers, lorsqu'ils procéderont aux ventes, que trois livres par vacation, dont la durée sera de trois heures, et cinq sous pour l'euregistrement d'une opposition. Il

12.

leur sera accordé, en outre, les deux tiers du prix des vacations pour l'expédition du procès-verbal de chaque séance, sans y comprendre les droits d'enregistrement et de timbre.

Art. 4. Les officiers publics qui rempliront les mêmes fonctions *dans les départements* ne pourront également y percevoir que les deux tiers du prix des vacations, ainsi qu'elles sont fixées par les décrets des 9, 21 et 26 juillet 1790 (1).

II.

Loi du 2 nivôse an IV.

Art. 2. Le Directoire exécutif pourra disposer des objets de commerce et de mobilier appartenant à la République, par vente, engagement ou échange, de la manière qu'il croira la plus avantageuse à la République; il en fera verser le produit à la trésorerie nationale pour le service public.

III.

Arrêté du Directoire exécutif, du 23 nivôse an VI.

Art. 1er. Les préposés de la régie de l'enregistrement

---

(1) L'art 9 de ces décrets porte : Il ne pourra être perçu... que deux sols six deniers du rôle de grosse des procès-verbaux, deux sols six deniers pour l'enregistrement d'une opposition, et une livre dix sols par vacation de prisée, conformément à l'art. 41 de l'édit de février 1771; et ce, sans

et des domaines, dans tous les départements de la République, seront tenus de provoquer la mise en vente des effets mobiliers non réservés pour le service public.

Art. 3. Les ventes seront faites *exclusivement* par les receveurs de la régie de l'enregistrement et des domaines, en présence d'un commissaire de l'administration municipale de l'arrondissement (1).

IV.

Loi du 22 pluviôse an VII (10 *février* 1799), *qui prescrit des formalités pour les ventes d'effets mobiliers.*

Art. 1er. A compter du jour de la publication de la présente, les meubles, effets, marchandises, bois, fruits, récoltes, et tous autres objets mobiliers, ne pourront être vendus publiquement et par enchères, qu'en présence et par le ministère d'officiers publics ayant qualité pour y procéder.

2. Aucun officier public ne pourra procéder à une vente publique, et par enchères, d'objets mobiliers, qu'il n'en ait préalablement fait la déclaration au bu-

---

préjudice des conventions particulières qui pourront modifier ou abonner les droits.

(1) V. *supra*, 2e part., nos 102 et suivants.

reau de l'enregistrement dans l'arrondissement duquel la vente aura lieu.

3. La déclaration sera inscrite sur un registre qui sera tenu à cet effet, et elle sera datée. Elle contiendra les noms, qualité et domicile de l'officier, ceux du requérant, ceux de la personne dont le mobilier sera mis en vente, et l'indication de l'endroit où se fera la vente, et du jour de son ouverture. Elle sera signée par l'officier public, et il lui en sera fourni une copie, sans autres frais que le prix du papier timbré sur lequel cette copie sera délivrée.

Elle ne pourra servir que pour le mobilier de celui qui y sera dénommé.

4. Le registre sera en papier non timbré. Il sera coté et paraphé, sans frais, par le juge de paix dans l'arrondissement duquel sera le bureau d'enregistrement.

5. Les officiers publics transcriront en tête de leurs procès-verbaux de vente les copies de leurs déclarations.

Chaque objet adjugé sera porté de suite au procès-verbal; le prix y sera écrit en toutes lettres, et tiré hors ligne en chiffres.

Chaque séance sera close et signée par l'officier public et deux témoins domiciliés.

Lorsqu'une vente aura lieu par suite d'inventaire, il en sera fait mention au procès-verbal, avec indication de la date de l'inventaire, du nom du notaire qui y aura procédé, et de la quittance de l'enregistrement.

6. Les procès-verbaux de vente ne pourront être enregistrés qu'aux bureaux où les déclarations auront été faites.

Le droit d'enregistrement sera perçu sur le montant des sommes que contiendra cumulativement le procès-verbal des séances à enregistrer dans le délai prescrit par la loi sur l'enregistrement.

7. Les contraventions aux dispositions ci-dessus seront punies par les amendes ci-après ; savoir :

De *cent francs*, contre tout officier public qui aurait procédé à une vente sans en avoir fait la déclaration ;

De *vingt-cinq francs*, pour défaut de transcription, en tête du procès-verbal, de la déclaration faite au bureau d'enregistrement ;

De *cent francs*, pour chaque article adjugé et non porté au procès-verbal de vente, outre la restitution du droit ;

De *cent francs aussi*, pour chaque altération de prix des articles adjugés, faite dans le procès-verbal, indépendamment de la restitution du droit, et des peines de faux ;

Et de *quinze francs* pour chaque article dont le prix ne serait pas écrit en toutes lettres au procès-verbal.

Les autres contraventions que pourraient commettre les officiers publics contre les dispositions de la loi sur l'enregistrement (22 frimaire an VII) seront punies par les amendes et restitutions qu'elle prononce.

L'amende qu'aura encourue tout citoyen, par contravention à l'art 1er de la présente, en vendant ou faisant vendre publiquement, ou par enchères, sans le ministère d'un officier public, sera déterminée en raison de l'importance de la contravention : elle ne pourra cependant être au-dessous de cinquante francs, ni excéder mille francs pour chaque vente, outre la restitution des droits qui se trouveront dus (1).

8. Les préposés de la régie de l'enregistrement sont autorisés à se transporter dans tous les lieux où se feront des ventes publiques, et par enchères, et à s'y faire représenter les procès-verbaux de vente et les copies des déclarations préalables.

Ils dresseront des procès-verbaux des contraventions qu'ils auront reconnues et constatées; ils pourront même requérir l'assistance d'un officier municipal, ou de l'agent, ou de l'adjoint de la commune, ou de la municipalité où se fera la vente.

Les poursuites et instances auront lieu ainsi, et de la manière prescrite par la loi du 22 frimaire dernier, sur l'enregistrement.

La preuve testimoniale pourra être admise sur les ventes faites en contravention à la présente.

9 Sont dispensés de la déclaration ordonnée par l'article 2, les officiers publics qui auront à procéder

---

(1) Il est dérogé à cette disposition par l'art. 7 de la loi du 25 juin 1841, mais seulement en ce qui concerne les ventes de marchandises neuves. V. *supra*, p. 73.

aux ventes du mobilier national et à celle des effets des monts-de-piété.

10. Toutes dispositions de lois contraires à la présente sont abrogées.

V.

Loi du 27 ventôse an IX (18 *mars* 1801), *portant établissement de commissaires-priseurs à Paris.*

Art. 1er. A compter du 1er floréal prochain, les prisées de meubles et ventes publiques aux enchères, d'effets mobiliers, qui auront lieu à Paris, seront faites exclusivement par des commissaires-priseurs vendeurs de meubles.

Ils auront la concurrence pour les ventes de même nature qui se feront dans le département de la Seine.

2. Il est défendu à tous particuliers, à tous autres officiers publics, de s'immiscer dans lesdites opérations qui se feront à Paris, à peine d'amende, qui ne pourra excéder le quart du prix des objets prisés ou vendus.

3. Lesdits commissaires-priseurs vendeurs de meubles pourront recevoir toute déclaration concernant lesdites ventes, recevoir et viser toutes les oppositions qui y seront formées, introduire devant les autorités compétentes tous référés auxquels leurs opérations pourront donner lieu, et citer, à cet effet, les parties intéressées devant lesdites autorités.

4. Toute opposition, toute saisie-arrêt, formées entre les mains des commissaires-priseurs vendeurs, relatives à leurs fonctions, toute signification de jugement prononçant la validité desdites opposition ou saisie-arrêt, seront sans effet, à moins que l'original desdites opposition, saisie-arrêt ou signification de jugement, n'ait été visé par le commissaire-priseur vendeur, ou, en cas d'absence ou de refus, par le syndic desdits commissaires (1).

5. Les commissaires-priseurs vendeurs auront la police dans les ventes, et pourront faire toute réquisition pour y maintenir l'ordre.

6. Il sera alloué auxdits commissaires, pour frais de prisée, six francs par chaque vacation de trois heures.

7. Il leur sera alloué, pour tous frais de vente, vacation à ladite vente, rédaction de minute et première expédition du procès-verbal, droits de clercs, et tous autres droits, non compris les déboursés faits pour annoncer la vente et en acquitter les droits; savoir: huit francs pour cent francs, lorsque le produit de la vente s'élèvera jusqu'à mille francs; sept pour cent, lorsque le produit s'élèvera jusqu'à quatre mille francs, et cinq pour cent, lorsque le produit s'élèvera au-dessus de quatre mille francs.

---

(1) L'ordonnance du 26 juin 1816, art. 7, exige qu'en cas d'absence ou de refus, il en soit dressé procès-verbal par l'huissier, qui est tenu de le faire viser par le *maire* de la commune.

8. Le nombre des commissaires-priseurs vendeurs sera de quatre-vingts.

9. Ils seront nommés par le premier Consul, sur une liste de candidats qui sera soumise au gouvernement par le tribunal de première instance du département de la Seine, devant lequel les commissaires nommés prêteront serment.

10. Ils auront une chambre de discipline qui sera organisée par un règlement ; ils seront sous la surveillance du commissaire du gouvernement établi près le tribunal.

Ils verseront au trésor public, et par forme de cautionnement, une somme de dix mille francs, dont il sera payé un intérêt, conformément à la loi du 9 frimaire an IX.

11. Le tribunal ne pourra admettre à la prestation du serment que ceux qui justifieront de la quittance dudit cautionnement : le jugement qui donnera acte du serment mentionnera la quittance.

VI.

Code de commerce de 1808.

Art. 492. Les syndics pourront, sous l'autorisation du commissaire, procéder au recouvrement des dettes actives du failli.

Ils pourront aussi procéder à la vente de ses effets et marchandises, soit par la voie des enchères publiques, par l'entremise des courtiers et à la Bourse, soit à l'amiable, à leur choix.

VII.

Décret du 22 novembre 1811.

Art. 1er. Les ventes publiques de marchandises à la Bourse et aux enchères, que l'art. 492 autorise les courtiers de commerce à faire, en cas de faillite, pourront être faites par eux, *dans tous les cas*, même à Paris, avec l'autorisation du tribunal de commerce, donnée sur requête.

VIII.

Décret du 17 avril 1812.

Considérant que, lorsque nous avons rendu notre décret du 22 novembre 1811, portant : « Les ventes publiques de marchandises, à la Bourse et aux enchères, que l'art. 492 du Code de commerce autorise les courtiers de commerce à faire, en cas de faillite, pourront être faites par eux, dans tous les cas, même à Paris, avec l'autorisation du tribunal de commerce, donnée sur requête, » Nous avons ordonné qu'il serait fait un règlement qui établirait une ligne de démarcation entre les fonctions des commissaires-priseurs et celles des courtiers de commerce.

Notre conseil d'État entendu,

Nous avons décrété et décrétons ce qui suit :

Art. 1er. Les marchandises désignées au tableau annexé au présent décret(1), sont celles que les courtiers de commerce, à Paris, peuvent vendre à la Bourse et aux enchères, après l'autorisation du tribunal de commerce, donnée sur requête.

2. Dans les autres villes de notre empire, les tribunaux et les chambres de commerce dresseront un état des marchandises dont il pourrait être nécessaire, dans certaines circonstances, d'autoriser la vente à la Bourse et aux enchères, par le ministère des courtiers de commerce, et le soumettront à l'approbation de notre ministre des manufactures et du commerce.

Les tribunaux et les chambres de commerce donneront aussi leurs avis sur les projets de règlements locaux relatifs aux mesures d'exécution.

3. Dans toutes les villes, toutes les fois qu'il s'agira de procéder à de telles ventes, et avant que les tribunaux de commerce puissent accorder leur autorisation, sauf les cas de faillite, les courtiers déposeront au greffe du tribunal de commerce une déclaration, sur papier timbré, du négociant, fabricant ou commissionnaire qui aura demandé la faculté de vendre aux enchères, portant que les marchandises à vendre à la Bourse, en vente publique et aux enchères, sont sa propriété ; ou bien qu'elles lui ont été adressées du dehors par des

---

(1) Ce tableau a été refondu dans un tableau plus considérable, conformément à l'ordonnance du 1er juillet 1818, ci-après. V. *infra*, XIV.

marchands ou négociants qui l'ont autorisé à les vendre et à les réaliser par la voie de la vente publique et à la Bourse; ou bien encore, que le produit desdites ventes doit servir à rembourser des avances faites, ou à payer des acceptations accordées par suite de l'envoi desdites marchandises.

Néanmoins, et malgré les cas énoncés ci-dessus, les tribunaux de commerce seront juges de la validité des motifs.

4. Avant de procéder aux ventes mentionnées ci-dessus, il sera dressé et imprimé un catalogue des denrées et marchandises à vendre, lequel portera la date de l'approbation accordée par le tribunal de commerce, et sera signée par le courtier chargé de la vente.

Ce catalogue contiendra sommairement les marques, numéros, nature, qualité et quantité de chaque lot de marchandises, les magasins où elles sont déposées, les jours et les heures où elles pourront être examinées, et les jours et les heures où la vente publique et aux enchères en sera faite à la Bourse.

Seront également mentionnées les époques des livraisons, les conditions de paiement, les tares, avaries, et toutes les autres indications et conditions qui seront la base et la règle du contrat entre les vendeurs et les acheteurs.

Ces imprimés seront affichés aux lieux les plus apparents et les plus fréquentés de la Bourse, pendant le temps qui sera fixé par le tribunal de commerce, mais au moins pendant les trois jours consécutifs qui précéderont la vente.

5. Au moment de la vente, et avant qu'il soit procédé aux enchères, un échantillon de chaque lot sera exposé sur le bureau, et placé de manière que les acheteurs puissent l'examiner et le comparer avec l'indication portée sur l'imprimé.

6. En marge de chaque lot, et lors de la vente, seront écrits les noms et les demeures des acheteurs, et le prix de l'adjudication.

Les lots ne pourront être, d'après l'évaluation approximative, et selon le cours moyen des marchandises, au-dessous de deux mille francs pour la place de Paris, et de mille francs pour les autres places de commerce.

Les tribunaux de commerce pourront les fixer à un taux plus élevé; mais, dans aucun cas, les lots ne pourront excéder une valeur de cinq mille francs.

7. Les enchères seront reçues et les adjudications faites par le courtier chargé de la vente. Il dressera procès-verbal de chaque séance d'enchères, et, dans les vingt-quatre heures, il le déposera au greffe du tribunal de commerce.

8. Après chaque séance d'enchères, les noms des acheteurs, le numéro des lots et les prix d'adjudications seront recordés, et les acquéreurs apposeront leur signature sur les feuilles qui contiendront leurs enchères, en témoignage de reconnaissance des lots qui leur sont échus.

S'il s'élevait à cet égard quelques difficultés, la déclaration du courtier vaudra ce qu'elle vaudrait dans les achats et ventes de gré à gré.

9. Faute par l'adjudicataire de prendre livraison dans les délais fixés, la marchandise sera revendue à la folle-enchère, et à ses périls et risques, trois jours après la sommation qui lui aura été faite de recevoir, et sans qu'il soit besoin de jugement.

10. Après les livraisons des marchandises, les comptes seront dressés par les négociants vendeurs; ils seront visés par le courtier chargé de la vente, et ils seront ainsi payés par les acheteurs, suivant les conditions des enchères.

11. Le droit de courtage pour ces ventes sera fixé par les tribunaux de commerce; mais, dans aucun cas, il ne pourra excéder le droit établi dans les ventes de gré à gré pour les mêmes sortes de marchandises.

12. En cas de contestation, elle sera portée devant le tribunal de commerce, qui prononcera, sauf l'appel, s'il y a lieu.

13. Au surplus, les courtiers de commerce se conformeront aux dispositions prescrites par la loi du 22 pluviôse an VII, concernant la vente publique des meubles (V. *supra*, IV).

IX.

Loi du 28 avril 1816.

Art. 89. Il pourra être établi dans toutes les villes

et les lieux où Sa Majesté le jugera convenable, des commissaires-priseurs, dont les attributions seront les mêmes que celles des commissaires-priseurs établis à Paris, par la loi du 27 ventôse an IX (18 mars 1801).

Ces commissaires n'auront, conformément à l'art. 1er de ladite loi, de droit exclusif que dans le chef-lieu de leur établissement. Ils auront, dans tout le reste de l'arrondissement, la concurrence avec les autres officiers ministériels, d'après les lois existantes.

En attendant qu'il ait été statué par une loi générale sur les vacations et frais desdits officiers, ils ne pourront percevoir autres et plus forts droits que ceux qu'a fixés la loi du 17 septembre 1793 (1).

X.

Ordonnance du 26 juin 1816, qui développe le principe et règle l'exécution de l'art. 89 de la loi du 28 avril 1816.

Art. 1er. Dans toutes les villes chefs-lieux d'arrondissement ou qui sont le siége d'un tribunal de première instance, et dans toutes celles qui, n'ayant ni sous-préfecture ni tribunal, renferment une population de cinq mille âmes et au-dessus, *il sera nommé* un com-

---

(1) V. *supra*, 2e part. art. 8.

missaire-priseur par chaque justice de paix existant dans la ville.

Les justices de paix des faubourgs et celles désignées sous le nom d'*extra muros* seront considérées comme faisant partie de celles des villes dont elles dépendent.

2. Il n'est rien innové aux dispositions de la loi du 27 ventôse an IX, qui accordent aux commissaires-priseurs de Paris la concurrence pour les ventes et prisées qui se font dans l'étendue du département de la Seine.

3. A compter du jour de leur prestation de serment devant le tribunal de première instance dans le ressort duquel il seront établis, les commissaires-priseurs nouvellement nommés dans les chefs-lieux d'arrondissement, feront exclusivement toutes les prisées de meubles et ventes publiques aux enchères qui auront lieu dans le chef-lieu de leur établissement, et ils auront la concurrence pour les opérations de même nature qui se feront dans l'étendue de leur arrondissement, à l'exception des villes où résiderait un commissaire-priseur.

Cette concurrence, pour les commissaires-priseurs établis dans les villes qui ne sont pas chefs-lieux d'arrondissement, se bornera à l'étendue de leur canton.

5. Dans les villes où il existe des monts-de-piété, des commissaires-priseurs choisis parmi ceux résidant dans ces villes seront exclusivement chargés de toutes les opérations de prisée et de vente, ainsi que cela est

établi pour les commissaires-priseurs de Paris, par le décret du 27 juillet 1805 (8 thermidor an XIII).

La désignation des commissaires-priseurs près des monts-de-piété sera faite par les administrateurs de ces établissements, qui fixeront le nombre de ces officiers nécessaire pour le service.

11. Les fonctions de commissaire-priseur seront compatibles, dans toutes les résidences autres que la ville de Paris, avec les fonctions de notaire, de greffier de justice de paix ou de tribunal de police, et d'huissier (1).

12. Il est fait défense expresse aux commissaires-priseurs d'exercer la profession de marchand de meubles, de marchand fripier ou tapissier, ni même d'être associés à aucun commerce de cette nature, à peine de destitution.

13. Les commissaires-priseurs tiendront un répertoire sur lequel ils inscriront leurs procès-verbaux jour par jour, et qui sera préalablement visé au commencement, côté et paraphé à chaque page par le président du tribunal de leur arrondissement. Ce répertoire sera arrêté tous les trois mois par le receveur de l'enregistrement : une expédition en sera déposée chaque année, avant le 1er mars, au greffe du tribunal civil.

---

(1) Une ordonnance du 31 juillet 1822 a rapporté l'art. ci-dessus, en ce qui concerne seulement l'exercice cumulatif des fonctions de *notaire* et de *commissaire-priseur*. On peut donc toujours être simultanément *commissaire-priseur*, et *greffier* ou *huissier*.

14. Les commissaires-priseurs seront placés sous la surveillance de nos procureurs près des tribunaux de première instance.

XI.

Loi de finances du 15 mai 1818.

Art. 74. Le droit d'enregistrement des ventes d'objets mobiliers, fixé à 2 pour cent par l'art. 69 de la loi du 22 frimaire an VII, est réduit à 50 centimes pour les ventes publiques de marchandises, qui, conformément au décret du 17 avril 1812, seront faites à la Bourse et aux enchères, par le ministère du *courtier de commerce*, d'après l'autorisation du tribunal de commerce.

XII.

Ordonnance du 1er juillet 1818.

Art. 1er. «Lorsqu'il y aura quelques changements à faire dans le tableau des marchandises que les courtiers de commerce, à Paris, peuvent vendre à la Bourse et aux enchères, dans les formes déterminées par le décret du 17 avril 1812, et l'art. 74 de la loi du 15 mai 1818, le tribunal et la chambre de commerce de Paris concourront à ces changements dans le même sens que l'ordonne, pour le reste du royaume, l'art. 2 du décret précité. Leurs avis seront soumis à notre ministre secrétaire d'État au département de l'intérieur, qui statuera.

XIII.

Ordonnance du 9 avril 1819.

Art. 1er. Les ventes publiques de marchandises à l'enchère, faites par le ministère des courtiers, pourront avoir lieu *au domicile du vendeur, ou en tout autre lieu convenable,* dans les villes où il n'y aura pas de local affecté à la Bourse, et fréquenté par les commerçants.

Il sera prononcé sur cette faculté par les tribunaux de commerce auxquels, en vertu de l'art. 492, C. comm., des décrets des 22 novembre 1811, et 17 avril 1812, et de l'art. 14, loi du 15 mai 1818, il appartient d'autoriser les ventes publiques de marchandises par le ministère des courtiers.

2. Dans les villes où la Bourse est ouverte et fréquentée, les tribunaux de commerce pourront aussi permettre la vente *à domicile ou ailleurs,* mais seulement dans le cas où ils estimeront que l'état ou la nature de la marchandise ne permet pas qu'elle soit exposée en vente à la Bourse, ou qu'elle y soit vendue sur échantillons.

3. Dans tous les cas, l'ordonnance du tribunal fixera le lieu et l'heure des ventes, de manière que la réunion des courtiers et le concours des acheteurs puissent leur conserver le même degré de publicité.

4. Il ne pourra être mis aux enchères, dans lesdites

ventes, que les marchandises spécifiées dans l'ordonnance du tribunal (1), lesquelles ne pourront être d'autre espèce que celles qui seront comprises aux états qui seront dressés en conformité du décret du 17 avril 1812, et de l'ordonnance du 1er juillet 1818.

5. Les tribunaux de commerce pourront, par leur ordonnance motivée, *déroger à la fixation du maximum et du minimum de la valeur des lots*, portée au décret du 17 avril 1812, et de l'ordonnance du 1er juillet 1818, s'ils reconnaissent que les circonstances exigent cette exception, sous la réserve *néanmoins qu'ils ne pourront autoriser la vente des articles pièce à pièce, ou en lots à la portée immédiate de particuliers consommateurs ;* mais seulement en nombre et quantité suffisante d'après les usages, pour ne pas contrarier les opérations du commerce de détail.

Les dispositions du décret du 17 avril 1812, contraires à celles de la présente ordonnance, sont abrogées.

XIV.

Décision du ministre du commerce, du 22 février 1828.

Cette décision, rendue en exécution de l'ordonnance du 1er juillet 1818, modifie le tableau qui se trouvait à

---

(1) La sanction de cette disposition est désormais dans l'art. 7 de la loi du 25 juin 1841.

la suite du décret du 17 avril 1812, et contient la nomenclature exacte des marchandises que les courtiers de commerce près la Bourse de Paris sont aujourd'hui autorisés à vendre aux enchères publiques (1).

TABLEAU.

Acajou (bois d'). Acétate de plomb liquide, cristallisé. Acier. Agaric. Agates. Albâtres. Alcalis. Alcool. Alizari. Aloès. Alun. Amandes. Ambre. Ambrette. Améthystes. Amidon. Ammoniaque (sel). Angélique. Angustura. Anis. Anisette. Antimoine. Arcanson. Argent. Aristoloche Arnica. Arrow-root. Arsenic. Assa fœtida. Avelanèdes. Avelines. Azur.

Bablah. Badiane. Baies d'alkekenge et de genièvre. Baleine. Bambous. Barbotine. Bardane. Basanes. Basins. Benjoin. Beurres. Bismuth. Bitumes. Blanc de plomb, d'argent, de baleine. Bleu de Prusse, Bois, planches, poutres, merrains et madriers. Borax. Bougies : de blanc de baleine, de cire. Bourres de coton, de laine, de poil, de soie. Brai sec ou gras. Brésillet. Bronze brut, ouvré. Brun rouge, de Wandick Buis.

Cacao. Cachou. Café. Calamus aromaticus. Calcanthum.

---

(1) *Nota.* Les frais pour ces sortes de ventes sont de demi pour cent d'enregistrement, et décime en sus (loi du 15 mai 1818), et du droit de courtage de demi pour cent pour le vendeur, et de demi pour cent pour l'acheteur.

Caliatour. Calicot. Calmouks. Camomille. Campêche. Camphre. Cannefice. Cannelle : écorce, huile de. Cannes. Cantharides. Capillaires. Carbonates d'ammoniaque, de magnésie, de potasse, de zinc. Cardamome. Caret. Carmin. Carvi (graine de). Cascarille. Casimirs. Casse. Cassia-lignea. Castoréum. Cendres gravelées. Céruse. Chanvre. Chicorée moulue. Chocolat. Chromate de plomb. Cidre. Cinabre. Cire d'abeilles. Citouard. Citrons : fruits, écorce de, jus de, huile de. Civette. Clous de girofle. Cochenille. Coco (noix de). Colles. Colombo. Confitures. Contrayerva. Copal (gomme). Coquelicot. Coques de cacao, de coco, du Levant. Corail brut, taillé. Coraline. Cordages. Coriandre. Cornaline. Coton en laine et filé. Couperoses. Crême de tartre. Crins. Cubèbes. Cudbeard. Cuivre. Cumin. Curcuma. Cuirs.

Dattes. Dents d'éléphant, d'hippopotame. Draps.

Eaux-de-vie. Ecailles de tortue. Edredons. Emeril. Emétique. Epine-vinette. Eponges. Esprit de vin. Esquine. Essence de térébenthine. Etain. Etoffes. Euphorbe. Extrait de bois de teinture.

Fanons de baleine. Fenouil. Fer. Fer-blanc. Fernambouc. Fèves odorantes de Tonka. Figues. Flanelle. Foie d'antimoine. Follicules de séné. Fontes. Fromages. Fustick ou fustoc.

Gaïac. Galanga. Galbanum. Galipot. Galles. Garance. Garou. Gaude. Gazes. Genièvre. Gentiane. Gingembre. Girofle. Goudron. Graines. Gravelle. Griffes de girofle. Gommes.

Harengs. Hermodacte ou hermodatte. Houblon. Huiles.

Inde-plate. Indienne. Indigo. Ipécacuanha. Iris. Ivoire.

Jalap. Jaune de Cassel, de chrôme. Jujubes. Jus de citron, de réglisse.

Karabé. Kermès. Kirschwasser.

Lack-lack. Laines. Laque. Lichens. Lin filé. Litharge. Lycopode ou soufre végétal.

Macis. Magnésie. Manganèse. Maniguette. Manioc. Manne. Marbre. Maroquin. Marrons. Matières. Mélasses. Mercure. Métaux. Miel. Mine de plomb rouge. Mine-orange. Minerais. Minium. Molletons. Morues. Moscouades. Mousselines. Mousselinettes. Musc. Muscades. Myrobolans. Myrrhe.

Nacre de perle. Nankin. Nitrate de potasse. Nitre. Noisettes. Noix de galle, vomiques.

Ocres rouge, jaune. Oliban. Opium. Opopanax. Or. Oranges. Orcanette. Organsin. Orpiment ou orpin. Orseille naturelle, préparée. Oxalate, acide de potasse.

Palma-christi. Pastel d'Albi. Peaux. Percale. Pérelle. Perles. Phosphore. Piment. Piqués de pur fil pour couvertures, de coton. Pistaches. Platine. Plomb. Plumes. Poivre. Poix. Polygala de Virginie. Polydope de chêne. Potasses. Précipité. Pruneaux. Prussiates. Pyrèthre. Pyrolignite de fer.

Quercitron. Quinquina brut, en poudre, extrait.

Raisiné. Raisins secs. Ratafias de toute sorte. Ratanhia. Ratines. Réglisse brute, jus de. Résines. Rhapontic. Rhubarbe. Rhum. Ricin. Riz. Rocou. Roses sèches, essence de. Rotins. Rouge d'Angleterre, brun. Rubans.

Safran bâtard, des Indes, de mars. Safranum. Safre. Sagapenum. Sagou. Salep. Salpêtre. Salsepareille. Sandaraque. Sangdragon. Sanguine. Sarcocolle. Sassafras. Savons blancs. Scammonée. Schalls. Semen-contra. Séné (follicules de). Sénéka ou Polygala. Serges. Serpentaire. Siamoises. Simarouba. Soies de porc. Soies. Soudes. Soufre. Spermaceti. Staphisaigre. Stil de grain. Stochfish. Storax. Styrax. Sublimé doux. Sucre de lait. Sucre brut ou terré, raffiné. Sucs de réglisse. Suif. Sumac.

Tafia. Talc de toute sorte. Tamarins. Tapioca. Tartre brut, cristallisé. Térébenthine. Terres de Cologne, d'Ombre et de Sien, foliée de tartre. Thé. Tissus. Toile de lin ou de chanvre, de coton, écrue. Tôle en fer, en acier, vernie. Tournesol : en drapeaux, en pâte. Trèfle (graine de). Treillis. Tricots en pièces. Tripoli. Tulle.

Valériane. Vanille. Vedasse. Vélanides. Velours. Verdet. Vermicelle. Vermillon. Verre. Vinaigres. Vins. Vitriols blanc, bleu, vert. Vulnéraires.

Winter (écorce de).

Zédoaire. Zinc.

Ce tableau devait être rapporté ici. La connaissance en est indispensable à Paris, aux courtiers de commerce. Elle est utile aux commissaires-priseurs, qui pourront ainsi s'assurer par eux-mêmes si les courtiers n'empiètent pas sur leurs attributions. Cette nomenclature peut d'ailleurs servir de modèle pour la formation des tableaux dans les départements.

Ceux-ci, dressés en conformité de l'art. 2 du décret de 1812, sont trop nombreux pour être recueillis; et ce recueil ne serait pas d'ailleurs d'une utilité générale; on peut les consulter dans chaque localité.

XV.

Code de commerce révisé en 1838.

Art. 486. Le juge-commissaire pourra, le failli entendu ou dûment appelé, autoriser les syndics à procéder à la vente des effets mobiliers ou marchandises. Il décidera si la vente se fera, soit à l'amiable, soit aux enchères publiques, par l'entremise de courtiers ou de tous autres officiers publics préposés à cet effet. Les syndics choisiront dans la classe d'officiers publics déterminée par le juge-commissaire, celui dont ils voudront employer le ministère.

XVI.

Loi du 25 *juin* 1841 (V. première partie, n°s 1 à 85).

TABLE

PAR ORDRE DE MATIÈRES.

SECONDE PARTIE.

APPENDICE.

Lois, décrets et ordonnances.

TABLE

ALPHABÉTIQUE ET ANALYTIQUE

DES MATIÈRES.

(Cette table renvoie aux numéros, et non aux pages, comme la précédente.)

Appel. — Le jugement du tribunal de commerce qui autorise une vente aux enchères et en détail, de marchandises neuves, n'est susceptible ni d'opposition, ni d'appel, soit de la part des tiers, 57, 58 et 59, soit de la part du réquérant lui-même, 60.

Autorisation. — Les ventes aux enchères de marchandises neuves, après cessation de commerce et dans les autres cas de nécessité, ne peuvent avoir lieu qu'en vertu d'une autorisation du tribunal de commerce, donnée sur requête, 41. Annexe d'un état détaillé des marchandises, 81.—Formes de cette autorisation. C'est le tribunal et non le président qui l'accorde, 27. La décision doit constater le fait qui donne lieu à la vente, 46; et indiquer le lieu de l'arrondissement où se fera la vente, 47. Cette indication peut être faite ailleurs qu'au domicile du marchand, 48. Il peut ordonner la composition de lots et en fixer l'importance, 49, 50, 51. Mais il ne peut dispenser de l'assistance d'officiers publics, bien qu'il doive décider d'après les lois d'attributions, quelle classe doit procéder à la vente qu'il autorise, 52. L'autorisation demandée *pour cause de nécessité* ne peut être accordée qu'au marchand sédentaire, domicilié depuis plus d'un an dans l'arrondissement où la vente doit être opérée. Cete double condition n'est pas exigée au cas de *cessation de commerce,* 53. Des affiches doivent être apposées à la porte du lieu où se fait la vente; elles énonceront le jugement, 54; mais non les *motifs* du jugement qui l'aura autorisée, 55. V. ce mot. V. aussi *Opposition, Appel, Tierce-opposition.*

Autorité de justice (vente par). V. *Saisie-exécution.*

Autorité municipale. — Ses droits, en ce qui concerne les ventes à cri public d'objets de *menue mercerie,* 31.

Brevet d'invention (vente de). V. *Meubles incorporels.*

Cas de nécessité. — Exception au principe de l'interdiction des ventes à cri public et en détail, de marchandises neuves, dans tous les cas de nécessité constatés par le tribunal de commerce, 5, 17, 18. Exemples : Expropriation pour cause d'utilité publique, fin de bail, gêne commerciale, liquidation de société, fonds de magasin ; marchandises dispendieuses, modèles ; translation d'une ville dans une autre, 18 à 26. L'abus n'est guère présumable, 27. V. *Autorisation.*

Cessation de commerce. —N'autorise la vente aux enchères de marchandises neuves, qu'autant qu'elle est permise et réglée par le tribunal de commerce, 41, 42, 43. La cessation de commerce peut être totale ou partielle ; droits qui en résultent, 44 et 45. V. *Autorisation.*

Circonstances atténuantes. V. *Amende.*

Clientèle. V. *Meubles incorporels.*

Commissaires-priseurs.— Lois de leur création, *Appendice* VI et XIII. Deux sortes de prérogatives. Dans l'arrondissement ou le canton de leur résidence, ils ont la *concurrence* avec les greffiers, huissiers et notaires, 91 ; dans le *chef-lieu de leur établissement*, ils jouissent en outre du *droit exclusif* de procéder aux ventes publiques et prisées de meubles, 96. L'expression *chef-lieu d'établissement* ne comprend pas nécessairement les faubourgs d'une ville, 96; mais elle s'étend aux habitations qui font partie intégrante de la ville, bien qu'elles dépendent d'une commune différente, 97. Toutefois, les décisions des tribunaux sur ce point sont, en l'absence d'une loi qui fixe le sens du mot *chef-lieu d'établissement*, à l'abri de la censure de la Cour de

tre les ventes qui préjudicient à leurs droits, 78, 79 et 80.

Peines. — Toute contravention aux art. 7 et 8 de la loi du 25 juin est punie de la *confiscation* et de l'*amende*. V. ces mots. Les peines portées par la loi du 25 juin s'appliquent aux ventes, soit en gros, soit en détail, faites en contravention, soit à cette loi elle-même, soit aux décrets et ordonnances qu'elle rappelle, 76; mais ces ventes ne sont pas frappées de nullité, 77. V. aussi *Amende*, *Confiscation*, *Compétence*.

Prisées de meubles. — Un simple particulier est-il sans qualité pour y procéder dans un inventaire après décès? 86 à 89. Le notaire chargé de l'inventaire peut-il, pour la prisée des meubles, requérir l'assistance d'un expert? 90.

Prix fixe proclamé (prohibition des ventes à). V. *Marchandises neuves*.

Rabais (ventes au). V. *Marchandises neuves*.

Requête. V. *Autorisation*.

Saisie-brandon. V. *Huissiers*.

Saisie-exécution. Dans ce cas, la vente en détail et aux enchères de marchandises neuves est permise, 33; mais l'officier ministériel qui y procède, à moins qu'il ne soit complice de la fraude, n'est pas responsable des violations de la loi opérées au moyen d'une procédure collusoire, 34.

Succession bénéficiaire. — Les ventes en gros de marchandises dépendant d'une succession bénéficiaire, échue à des mineurs, est de la compétence exclusive des courtiers de commerce, 105 et suivants.

Tierce-opposition. — Le jugement qui autorise une vente publique de marchandises neuves est susceptible de tierce-opposition, de la part des marchands sédentaires, ou des officiers ministériels dont il blesse les droits, 61. Sursis à la vente, 62. Utilité de la demande du sursis, 63, 64.

Ventes a terme. — Les commissaires-priseurs ont, dans le chef-lieu de leur établissement, le droit exclusif de procéder aux ventes publiques de meubles à terme, 109 et 110.

Ventes de récoltes sur pied. — Sont assujetties à la déclaration préalable au bureau de l'enregistrement, 125. Mais il en est autrement de la vente aux enchères des récoltes d'une prairie dans le cours d'une année, telles que foins sur pied, regains et dépaissances, 126. C'est aux notaires *exclusivement* qu'il appartient de procéder aux ventes de *récoltes sur pied*, etc. V. *Notaires*.

Ventes en gros de marchandises. — Il n'est rien innové à cet égard par la loi du 25 juin 1841, 4, 65 et suivants; sauf en ce qui concerne la pénalité, 76. Elles continuent donc d'être faites par le ministère des courtiers, sous l'autorisation du tribunal de commerce, 65; mais elles ne peuvent comprendre que les marchandises désignées aux tableaux, V. *Appendice*, XIV. En général, elles doivent avoir lieu à la Bourse, et par lots, au-dessus de 2,000 fr. à Paris, et de 1,000 fr. dans les départements; mais le tribunal peut déroger à cette règle. 65, 67. En supposant qu'il ne l'ait pas fait, et que le courtier, après avoir composé des lots dans les proportions ci-dessus, les ait adjugés au-dessous de cette évaluation, est-il en contravention? 68. Droits d'enregistrement, 66; formes de la vente; droits de courtage, 82. S'il n'y a pas de courtiers de commerce, les ventes en gros sont faites aux mêmes conditions, par les officiers vendeurs de meubles, suivant les règles de leur compétence, 83; même droit d'enregistrement, 84. V. *Courtiers de commerce*.

Ventes permises. — Sont exceptées de la prohibition des ventes aux enchères et en détail de marchandises neuves, 17 et 18 ; les ventes prescrites par la loi, par exemple, d'effets déposés aux monts-de-piété, 27 ; les ventes faites par autorité de justice, par suite de *saisie-exécution*, 27 ; les ventes après *décès, faillite* ou dans d'autres *cas de nécessité*. V. ces mots.

Sont aussi exceptées les ventes à cri public, de *comestibles* et de *menue mercerie*. V. ces mots.

Ventes publiques de meubles. — Ne peuvent avoir lieu qu'avec l'intervention d'officiers ministériels, 16, 85. Enumération de ces officiers, 91 ; ils ne peuvent refuser leur ministère, 92 ; encore qu'il soit stipulé que les acquéreurs paieront, en sus de l'enchère, un dixième du prix, 92.

FIN.

www.ingramcontent.com/pod-product-compliance
Ingram Content Group UK Ltd.
Pitfield, Milton Keynes, MK11 3LW, UK
UKHW022022170726
13837UKWH00001B/335

9 782329 261232